지하철로 떠나는 초등 체험 학습

움직이는 역사 박물관

지하철로 떠나는 초등 체험 학습

움직이는 역사 박물관

초판 1쇄 발행 2022년 2월 28일
개정증보 1판 1쇄 발행 2025년 1월 27일

글쓴이 민병덕
그린이 리안

편집장 천미진 | 편집책임 김현희 | 편집 최지우
디자인 최윤정 | 마케팅 한소정 | 경영지원 한지영
사진 제공 셔터스톡, 게티이미지, 연합뉴스, 공공누리

펴낸이 한혁수 | 펴낸곳 도서출판 다림 | 등록 1997. 8. 1. 제1-2209호
주소 07228 서울시 영등포구 영신로 220 KnK 디지털타워 1102호
전화 02-538-2913 | 팩스 070-4275-1693 | 전자 우편 darimbooks@hanmail.net
블로그 blog.naver.com/darimbooks | 다림 카페 cafe.naver.com/darimbooks

ⓒ 민병덕, 리안 2022

ISBN 978-89-6177-347-8 (73910)

제품명: 움직이는 역사 박물관 | 제조자명: 도서출판 다림 | 제조국명: 대한민국
전화번호: 02-538-2913 | 주소: 서울시 영등포구 영신로 220 KnK 디지털타워 1102호
제조년월: 2025년 1월 27일 | 사용연령: 10세 이상
※KC마크는 이 제품이 공통안전기준에 적합하였음을 의미합니다.

⚠ 주 의

아이들이 모서리에 다치지
않게 주의하세요.

※일러두기
국가유산청의 국가유산 지정 번호 제도 개선 정책에 따라 본 도서에서는 국보, 보물, 사적 등의 번호를 기재하지 않았습니다.

지하철로 떠나는 초등 체험 학습

움직이는 역사 박물관

글 민병덕
그림 리안

다림

　반만년의 역사를 자랑하는 대한민국의 서울과 경기권에는 우리 역사가 곳곳에 남아 있어요. 민족 독립 정신이 그대로 살아 있는 독립운동의 역사, 위대한 지도자의 발자취, 우리나라의 전통이 깃든 유적, 이민족의 침략을 받았던 아픈 역사를 담은 유적, 백성들의 아픔을 어루만져 준 종교의 역사를 보여 주는 진리와 삶의 터전, 그리고 아름다운 우리나라 고궁 등 살아 숨 쉬는 역사의 현장이 있어요. 이 중 47곳의 다양한 역사 유적지를 이 책에 실었어요.

　이들 유적지에 대한 정보는 많이 있어도 정작 찾아가서 보기란 쉽지 않아요. 어린이 독자 여러분이 지하철을 이용하여 쉽게 찾을 수 있는 유적지를 소개하고자 이 책을 쓰게 되었어요.

　서울 곳곳의 오랜 역사를 지닌 유적지에는 조상들의 슬기와 지혜, 그리고 전통을 보여 주는 생활사, 현재 대한민국이 있기까지 애써 주신 조상들의 업적이 담겨 있어요.

　역사 공부는 책을 통해서만 하는 것이 아니에요. 지하철을 이용하여 조상들의 희생과 아픔, 그리고 지혜가 담긴 유적지를 직접 찾아가면 생생하고 실감 나는 역사를 만날 수 있어요. 역사를 가슴속 깊이 느끼며 오랫동안 기억할 수 있게 되지요.

　이 책과 함께 지하철을 타고 책 속에 실린 유적지를 직접 찾아가 보세요. 살아서 움직이는 역사를 공부할 수 있을 거예요.

　그럼 이제부터 기쁨과 슬픔, 그리고 고난이 함께했던 역사 유적지를 향하여 지하철로 떠나 볼까요?

민병덕

STOP

차례

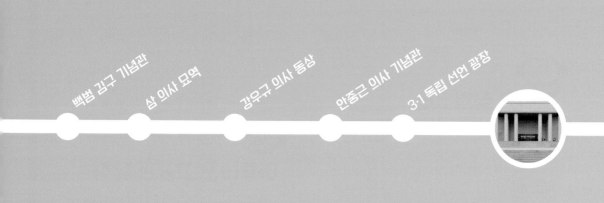

백범 김구 기념관 · 삼 의사 묘역 · 강우규 의사 동상 · 안중근 의사 기념관 · 3·1 독립 선언 광장

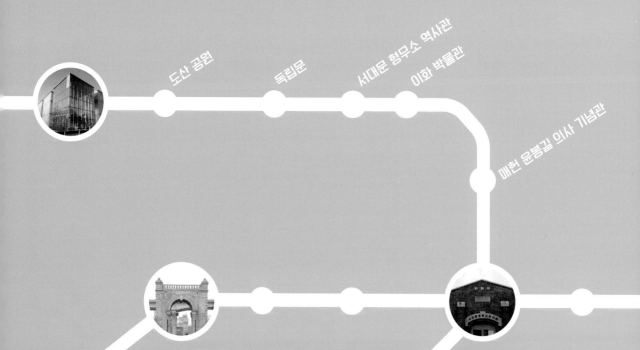

도산 공원 · 독립문 · 서대문 형무소 역사관 · 이화 박물관 · 매헌 윤봉길 의사 기념관

1장

독립운동의
발자취

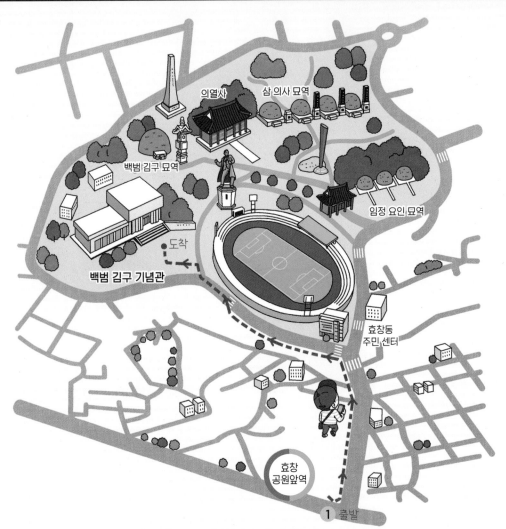

가는방법 — ⑥ **경의중앙선** **효창공원앞역**

효창공원앞역 1번 출구에서 나와서 오른쪽 효창 운동장 방향으로 길을 따라 걷다 보면 효창동 주민 센터가 보여요. 효창동 주민 센터를 두고 길이 두 갈래로 나누어지는데, 효창동 주민 센터를 앞으로 바라봤을 때 왼쪽 길로 쭉 올라오면 백범 김구 기념관 출입구가 나와요.

백범 김구 기념관

출처 [대한민국 역사 박물관], [근현대사 아카이브(archive.much.go.kr)]

　효창 공원에는 나라를 되찾기 위해 힘썼던 독립운동가들의 영혼이 잠들어 있어요. 입구로 들어가면 우뚝 서 있는 흰색 건물을 볼 수 있어요. 이 건물이 바로 대한민국 임시 정부의 주석이었던 김구 선생의 애국심을 기리기 위해 세운 백범 김구 기념관이에요.

　기념관 안으로 들어가면 태극기를 배경으로 의자에 앉아 있는 아주 큰 김구 선생의 동상을 만날 수 있어요. 기념관은 1층과 2층으로 나뉘어 있는데, 김구 선생의 삶과 역사적 주요 사건들을 시대 흐름에 따라 사진과 영상, 애니메이션 등으로 살펴볼 수 있어요. 1층 전시실에는 김구 선생의 유년 시절과 동학 농민 운동, 어머니 곽낙원 여사의 이야기를 볼 수 있어요. 2층에는 김구 선생의 묘를 보며 추모할 수 있는 공간이 마련되어 있답니다.

🚇 지하철 타고 만나는 인물 이야기

김구 1876 ~ 1949

김구 선생은 대한민국 임시 정부를 이끌며 나라의 독립을 이루기 위해 노력했어요. 광복이 된 후에도 자주적인 남북통일 정부를 세우기 위해 힘썼지요.

김구 선생은 17세에 과거 시험을 봤어요. 하지만 벼슬을 사고팔던 때라서 시험을 치르기도 전에 합격자 이름이 나돌았지요. 공정하지 못한 시험 제도에 실망한 김구 선생은 썩어 빠진 사회를 뜯어고치고자 동학 농민 운동에 참여했어요. 탐관오리의 수탈과 외세의 침입에 저항하는 동학군을 지휘했지요.

김구 선생 동상

1896년 김구 선생은 명성 황후의 원수를 갚겠다며 일본군 장교를 맨손으로 때려죽여 사형을 선고받았어요. 다행히도 고종의 배려로 사형 집행은 면했지만 1898년 감옥에

나의 소원은 우리나라 대한의 완전한 자주 독립이요!

서 탈출해 마곡사의 승려로 한동안 숨어 지냈어요.

3·1 운동이 일어난 후, 김구 선생은 중국 상하이로 건너가 대한민국 임시 정부에서 경무국장, 내무 총장 등을 맡았어요. 1930년에는 이시영, 이동녕 등과 한국 독립당을 세워 대표가 되었어요. 이 무렵부터 무장 독립운동을 펼치기로 하고 한인 애국단을 조직해 일본의 주요 인사 암살 계획을 세웠어요. 이봉창 의사는 실패했지만, 윤봉길 의사는 성공하여 일본 육군 대장 시라카와를 비롯한 중요 인물을 없앴지요. 그 뒤로 임시 정부는 중국의 적극적인 지원을 얻게 되었어요. 김구는 1940년에 임시 정부의 주석이 되었고, 그해 충칭에서 한국광복군을 조직했어요. 그리고 마침내 1941년에 대한민국의 이름으로 일본에 선전 포고를 하면서 한국광복군을 연합군의 일원으로 참전시켰어요. 그러나 국내 진입 작전을 펴기 전에 일

본이 항복하여 귀국했지요.

　모스크바 3상 회의에서 강대국들이 우리나라를 신탁 통치하기로 결정하자, 김구 선생은 신탁 통치 반대 운동을 했어요. 우리나라를 다른 나라가 다스린다는 것은 자주성을 잃는 일이기 때문이었어요. 그 후로도 김구 선생은 남북한 통일 정부를 세우고자 김규식과 함께 북한의 김일성을 만나 협상하는 등 민족의 통일을 위해 끊임없이 노력했어요. 그러던 1949년, 안두희에게 암살당해 생을 마감하였답니다.

tip 이름 앞에 붙는 '호'

　호는 본명 외에 허물없이 쓰기 위해 지은 이름으로 별명과 비슷해요. 대개 별명은 다른 사람들이 지어 주지만, '호'는 본인이 짓는 경우도 많답니다. 김구 선생의 호는 '백범'이에요. 김구 선생은 백정이나 평범한 백성들도 독립 정신을 가진다면 우리나라가 일본의 지배에서 벗어날 거라고 생각했어요. 그래서 조선 시대에 천대받았던 직업 중 하나인 백정의 '백' 자와, 평범한 사람을 뜻하는 범부의 '범' 자를 따서 '백범'이라 호를 지었어요.

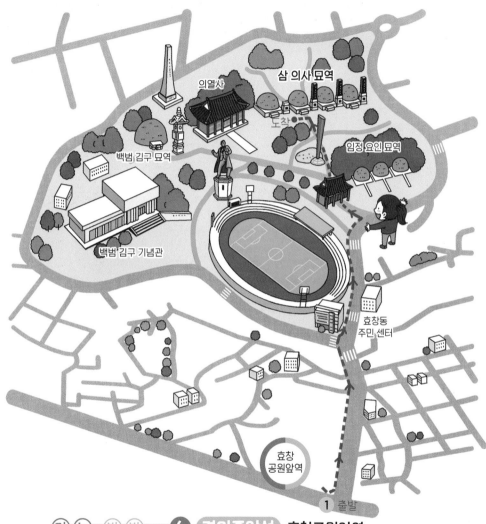

가 는 방 법 ── ❻ 경의중앙선 **효창공원앞역**

효창공원앞역 1번 출구에서 나와서 오른쪽 효창 운동장 방향으로 길을 따라 걷다 보면 효창동 주민
센터가 보여요. 효창동 주민 센터를 두고 길이 두 갈래로 나누어지는데, 효창동 주민 센터를 정면으
로 바라봤을 때 오른쪽 길로 쭉 올라오면 효창 공원이 나와요. 삼 의사 묘역은 효창 공원 안쪽에 있
어요.

삼 의사 묘 전경(왼쪽부터 안중근 의사 가묘, 이봉창 의사, 윤봉길 의사, 백정기 의사)

출처 [대한민국 역사 박물관], [근현대사 아카이브(archive.much.go.kr)]

효창 공원 안에는 김구 선생의 묘 외에도 세 분의 의사를 모신 삼 의사 묘가 있어요. 이곳에는 어떤 분들이 잠들어 계실까요? 바로 이봉창 의사, 윤봉길 의사, 백정기 의사예요. 1945년 광복 후 그토록 그리던 고국에 돌아온 김구 선생은 그다음 해에 세 의사의 유골을 들여와 7월 6일 효창 공원에 국민장으로 모셨어요.

그런데 사진을 잘 보면 묘가 세 기가 아닌 네 기라는 걸 알 수 있을 거예요. 맨 왼쪽 묘의 주인은 바로 안중근 의사예요. 안타깝게도 안중근 의사의 유해가 없어 임시로 묘를 세웠어요. 그럼 안중근 의사의 유해는 어디에 있을까요? 그건 아무도 몰라요. 안중근 의사는 조선에 을사늑약을 강요하고 고종을 퇴위시킨 이토 히로부미를 저격했다는 이유로 사형을 당했어요. 일본은 안중근 의사의 묘에 우리나라 사람들이 모여 독립에 대해 논의할지도 모른다고 생각했어요. 그래서 일본은 안중근 의사의 유해가 묻힌 곳을 비밀에 부쳤다고 해요. 아직까지도 안중근 의사가 어디에 묻혀 있는지 밝혀지지 않았어요. 안중근 의사가 하루빨리 고국에서 편하게 눈을 감을 수 있도록 정부에서는 안중근 의사의 유해를 찾으려 노력하고 있어요.

---

tip 열사와 의사 차이 ▶

유관순 열사, 안중근 의사, 윤봉길 의사처럼 나라의 독립을 위해 목숨을 바친 독립운동가들에게 '열사' 또는 '의사'라는 호칭을 붙여요. 그런데 왜 같은 독립운동가인데 호칭을 다르게 쓰는 걸까요? 의사는 나라와 민족을 위해 자신의 생명을 걸고 폭탄이나 총으로 적에게 맞선 분을 의미해요. 열사는 오직 맨몸으로 저항하여 죽음도 마다하지 않고 자신의 의지를 보여 준 분을 이야기한답니다.

🚇 지하철 타고 만나는 인물 이야기

이봉창 1900~1932

이봉창 의사는 일본으로부터 나라를 되찾는 일에 함께하고자 대한민국 임시 정부가 있는 상하이로 건너갔어요. 상하이에서 이봉창 의사는 김구 선생이 이끄는 한인 애국단에 가입한 뒤, 우리나라의 독립을 위해 약 1년 동안 거사를 준비했어요. 일본으로 건너간 이봉창 의사는 1932년 1월 8일, 도쿄에서 일본 국왕 히로히토에게 폭탄을 던졌어요. 하지만 아쉽게도 실패하고 말지요. 현장에서 일본 경찰이 엉뚱한 사람을 폭탄범으로 지목하자 무고한 시민이 다치는 것을 원하지 않았던 이봉창 의사는 자신이 폭탄을 던졌다고 당당하게 말했어요. 그 자리에서 바로 체포된 이봉창 의사는 조사 과정에서 지독한 고문을 당했지만 굴하지 않았어요. 하지만 결국 1932년 10월 10일 이치가야 형무소에서 사형당해 생을 마감하게 되어요.

전북 부안에서 태어난 백정기 의사는 고향에서 3·1 운동을 벌였어요. 그해 8월에 네 명의 동지와 함께 인천에 있는 일본군 시설을 파괴하려 했으나 실패하여 만주 봉천으로 피신해요. 그다음 해 우리나라로 돌아와 서울에서 독립운동을 하지요. 비밀 결사체인 흑색 공포단을 조직하여 일본의 앞잡이 노릇을 하는 밀정을 처벌하거나 일본 영사관을 습격하는 등 무장 투쟁을 벌였어요. 백정기 의사는 1933년 3월 17일, 주중 일본 공사인 아리요시 아키라가 상하이에 있는 육삼정이라는 식당에서 열리는 연회에 온다는 소식을 듣게 되어요. 그래서 그곳을 습격하여 일본 공사를 죽이려고 계획했지만, 밀정에게 발각되어 현장에서 붙잡히게 되지요. 무기형을 선고받은 백정기 의사는 일본 나가사키 형무소에서 수감 생활을 하다 39세 나이에 지병으로 세상을 떠나게 돼요. 비록 거사는 실패하였지만 중국을 비롯한 국내 주요 신문들이 이 사건을 대서특필하면서 국내 항일 투쟁 의식을 북돋았다는 점에서 큰 의미가 있답니다.

tip 효창 공원의 원래 이름, 효창원 ▶

효창 공원의 원래 이름은 '효창원'이었어요. 왕이나 왕비의 묘는 '능(릉)'이라고 이름 붙이고, 세자나 세자빈의 묘는 '원'이라고 불러요. 효창원은 조선 시대 22대 왕인 정조의 큰아들 문효 세자의 묘예요. 이곳에는 문효 세자 외에도 문효 세자의 어머니인 의빈 성씨, 순조의 후궁이었던 숙의 박씨, 그리고 그의 딸 영온 옹주의 묘지가 있었지요. 그런데 청일 전쟁 당시 일본군이 이곳을 군사 기지로 사용하면서 훼손하기 시작했어요. 급기야는 1944년 효창원에 있던 왕실의 묘를 경기도 고양시에 있는 서삼릉으로 강제로 옮기고, 이름 또한 효창원에서 효창 공원으로 바꾼 거랍니다.

← 강우규 의사 동상 →

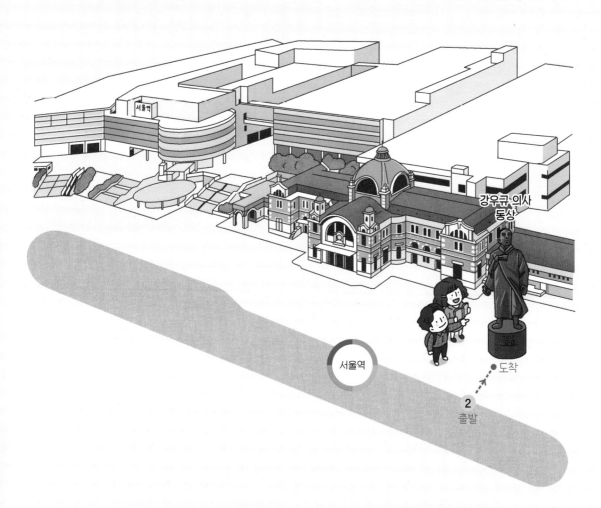

가 는 방 법 ─①④ 경의중앙선 공항철도 **서울역**

서울역 2번 출구로 나오면 서울역 광장이 나오고, 그곳에 강우규 의사의 동상이 있어요.

　서울역 광장에 가면 동상이 하나 우뚝 서 있어요. 이 동상의 주인공은 바로 노년의 독립운동가 강우규 의사예요. 왜 이곳에 강우규 의사의 동상이 있는 걸까요? 바로 이곳이 강우규 의사가 제3대 조선 총독으로 부임한 사이토 마코토에게 폭탄을 던진 역사적인 장소이기 때문이에요.

　강우규 의사의 의거는 비록 실패하였지만, 3·1 운동 이후 처음 일어난 의거 투쟁이었다는 점에서 큰 의미가 있어요. 또한 일제 강점기 당시 조선의 최고 통치권자였던 총독에게 폭탄을 던진 사람이 65세 노인이었다는 사실은 온 나라에 많은 감동을 주었지요. 이는 많은 청년들이 독립운동에 참여하고 세계에 우리 민족의 독립 의지를 보여 주는 계기가 되었어요.

강우규 의사는 이 일로 체포되어 서대문 형무소에서 사형을 당하게 되어요. 동상 아래쪽에는 강우규 의사가 사형을 당하기 직전에 남긴 한시가 적혀 있어요. 한시를 함께 감상해 볼까요?

단두대상 斷頭臺上   단두대 위에 올라서니
유재춘풍 猶在春風   오히려 봄바람이 이는구나
유신무국 有身無國   몸은 있으나 나라가 없으니
기무감상 豈無感想   어찌 감회가 없으리오

죽음 앞에서도 끝까지 두려워하지 않았던 강우규 의사의 모습은 지금까지도 큰 울림을 전해 주어요.

🚃 지하철 타고 만나는 인물 이야기

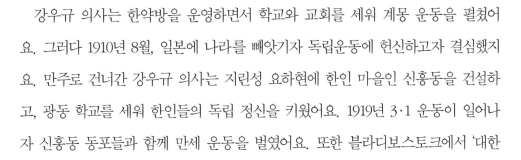

강우규 1855 ~ 1920

강우규 의사는 한약방을 운영하면서 학교와 교회를 세워 계몽 운동을 펼쳤어요. 그러다 1910년 8월, 일본에 나라를 빼앗기자 독립운동에 헌신하고자 결심했지요. 만주로 건너간 강우규 의사는 지린성 요하현에 한인 마을인 신흥동을 건설하고, 광동 학교를 세워 한인들의 독립 정신을 키웠어요. 1919년 3·1 운동이 일어나자 신흥동 동포들과 함께 만세 운동을 벌였어요. 또한 블라디보스토크에서 '대한

국민 노인 동맹단'에 가입하여 요하현 지부장을 맡아 청년 독립투사를 지원했지요.

전국에서 일어난 3·1 운동에 놀란 일본은 강압적인 무단 통치에서 우리나라의 문화와 관습을 존중해 주겠다는 문화 통치로 식민 정책을 바꿨어요. 그러나 우리 민족의 단결을 억제하려는 속셈이었을 뿐, 이전과 크게 달라지지 않았지요. 일본의 기만에 분노한 강우규 의사는 3대 조선 총독으로 부임하는 사이토 마코토를 없애기로 결심해요.

1919년 9월 2일, 남대문역(현재 서울역)에서 사이토 마코토 총독을 환영하는 행사가 열렸어요. 강우규 의사는 사이토 마코토 총독의 마차를 향해 폭탄을 던졌지만, 암살에는 실패하고 말아요. 약 보름 후에 친일 경찰인 김태석에게 체포되어 서대문 형무소에 수감되고, 이듬해 11월 29일 그곳에서 숨을 거두어요.

← 안중근 의사 기념관 →

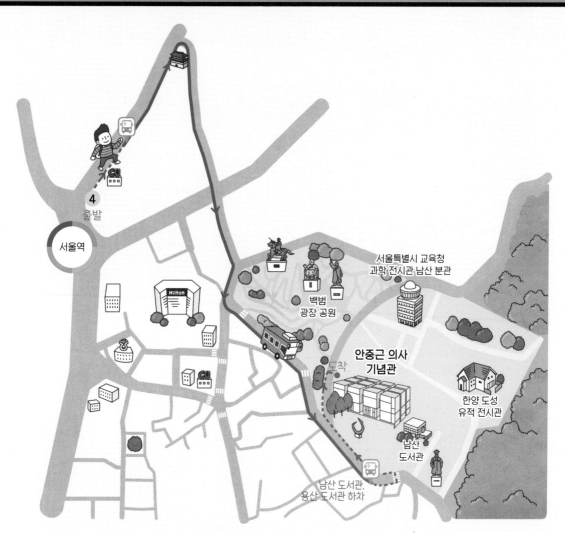

가·는·방·법 ── 1 4 경의중앙선 공항철도 **서울역**

서울역 4번 출구로 나와 직진하면 버스 정류장이 나와요. 여기서 402번이나 405번 버스를 탄다음, '남산 도서관, 용산 도서관'에서 하차해요. 버스가 가던 방향으로 조금 걸으면 횡단보도가 나와요. 횡단보도를 건넌 뒤 왼쪽 길을 따라 올라가면 안중근 의사 기념관 입구가 보여요.

안중근 의사 기념관

　안중근 의사 기념관은 박정희 대통령이 국권 회복을 위한 희생정신을 기린다는 명분으로 건립을 지시하고, 국민들이 성금을 모아 개관했어요. 안중근 의사 기념관이 문을 연 날은 안중근 의사가 조선 침략에 앞장선 일본의 정치인 이토 히로부미를 저격한 역사적인 날이에요. 시간이 흘러 기념관이 낡자 2010년 10월 26일에 현재의 모습으로 새롭게 개관하게 되었지요.

　기념관에는 안중근 의사의 출생부터 1910년 3월 26일에 순국하기까지의 일생이 파노라마처럼 펼쳐져 있어요. 천주교와의 만남, 교육 운동과 국채 보상 운동, 해외 활동, 의병 투쟁, 동의 단지회 활동, 하얼빈 의거, 법정 투쟁, 옥중에서 남긴 저서인 《안응칠 역사》와 《동양평화론》 등 안중근 의사의 삶을 살펴볼 수 있답니다.

tip 위국헌신군인본분(爲國獻身軍人本分)

위국헌신군인본분이란, '나라를 위해 몸을 바치는 것이 군인의 본분'이라는 뜻이에요. 가로 32.8센티미터, 세로 137센티미터로 된 이 유묵●은 안중근 의사가 순국하기 전에 안중근 의사를 경호하던 일본 헌병 지바 도시치에게 준 것이라고 해요. 지바 도시치는 안중근 의사가 순국한 뒤 자진 퇴직하고 이 유묵을 보관하였지요. 지바 도시치가 사망한 후 부인과 양녀 미우라가 가보로 간직하다가 1980년 8월 23일 안중근 의사 숭모회에 기증해 안중근 의사 기념관에 보관되었어요.

🚇 지하철 타고 만나는 인물 이야기

안중근 1879~1910

1905년에 일제가 우리나라의 외교권을 빼앗기 위해 을사늑약을 강제로 체결하자, 안중근 의사는 민족의 계몽 의식을 높이고자 삼흥 학교를 세우고 프랑스 신부가 경영하던 돈의 학교의 교장을 맡으며 인재 양성에 힘썼어요.

일본이 근대화를 명목으로 우리나라에 각종 시설을 짓고, 그에 대한 비용을 우

● 유묵 생전에 남긴 글씨나 그림

리나라에 부담하면서 나랏빚이 많아졌어요. 그러자 일본에게 진 나랏빚을 우리 민족이 갚자는 국채 보상 운동이 전국적으로 일어났어요. 안중근 의사는 국채 보상 기성회 관서 지부를 개설해 보상 운동을 이끌었어요.

안중근 의사 동상

1909년 2월, 안중근은 동지 열한 명과 함께 나라의 독립과 한·중·일 평화를 위해 헌신할 것을 목표로 비밀 결사인 동의 단지회를 만들었어요. 이 단체는 조선 침략의 원흉으로 지목된 이토 히로부미와 이완용을 3년 안에 암살할 것이며, 만약 이 계획에 실패한다면 자결로써 속죄하겠다는 맹세를 했어요. 모두가 한마음으로 왼손 약지를 잘라 붉은 피로 '대한 독립' 글자를 썼지요.

안중근 의사 사용 총

그해 가을, 안중근 의사는 이토 히로부미가 만주 하얼빈에 온다는 소식을 듣고 동지들과 함께 암살 계획을 세웠어요. 드디어 10월 26일, 안중근 의사는 삼엄한 검문을 피하기 위해 일본인으로 가장하고 하얼빈 역에 들어갔어요. 그리고 이토

히로부미가 기차에서 내려 환영객들을 향해 나서는 순간 권총을 쏘아 명중시킨 뒤 태극기를 꺼내 우렁찬 목소리로 "코레아 우라(대한민국 만세)!"를 외치고는 붙잡혔어요.

안중근 의사는 재판을 받으며, "이토 히로부미는 대한의 주권을 빼앗은 원흉이며, 동양 평화를 어지럽히는 자이다. 이에 대한 의군 참모 중장의 자격으로 총살한 것이니, 일반 살인범으로 다루지 말고 전쟁 포로로 대우해 달라."라며 당당한 자세로 항변했어요. 그러나 법원은 사형을 선고했고, 1910년 3월 26일 안중근 의사는 뤼순 감옥에서 숨을 거두었어요.

← 3·1 독립 선언 광장 →

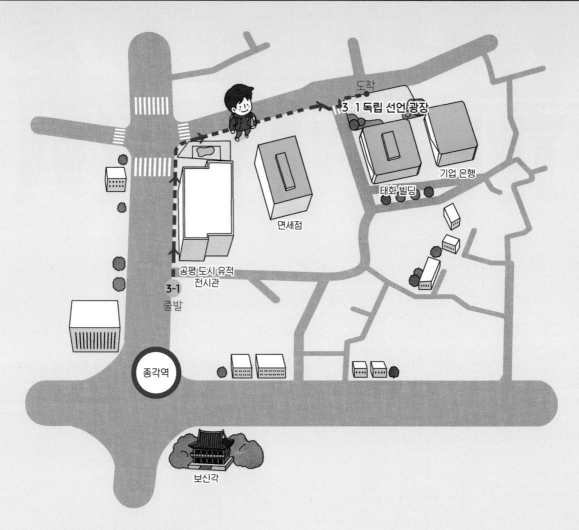

도착

3·1 독립 선언 광장

태화 빌딩

기업 은행

면세점

공평 도시 유적
전시관

3-1
출발

종각역

보신각

가 는 방 법 ──① 종각역

종각역 3-1번 출구로 나와 사거리가 나올 때까지 직진해요. 거기서 길을 건너지 말고
오른쪽 길로 계속 걷다 보면 오른편으로 3·1 독립 선언 광장이 나와요.

3·1 독립 선언 광장은 3·1 운동 때 민족 대표 29인이 모여 독립 선언서를 낭독했던 태화관이 있던 자리에 마련된 광장이에요. 태화관터의 역사·문화적 가치를 보존하고, 나라를 지키기 위해 싸웠던 독립투사를 기리기 위해 3·1 운동 100주년이었던 2019년에 조성되었지요.

원래 태화관이 있던 곳에는 조선 헌종의 후궁 경빈 김씨의 사당인 순화궁이 있었어요. 일제 강점기에 을사늑약에 찬성했던 정부 대신들 중 한 명이었던 이완용이 별장으로 쓰다가 유명 요릿집 주인인 안순환에게 팔았어요. 안순환은 그곳에서 태화관이라는 요릿집을 운영했어요.

▲ 민족 대표의 독립 선언 장소

태화관은 1919년 3·1 운동 당시 민족 대표 29인이 독립 선언서를 낭독한 곳으로 독립운동의 명소가 되었지요. 시간이 흐른 뒤 남감리 교회가 태화관터에 여성과 아동을 위한 사회 복지 기관인 태화 여자관을 세웠어요. 지금은 태화 빌딩이 자리 잡고 있지요. 비록 태화관은 사라졌지만, 태화 빌딩 앞에는 '삼일 독립 선언 유적지' 비석이 세워져 있으며, 로비에는 민족 대표들이 회의하는 모습을 그린 그림이 걸려 있답니다.

tip 민족 대표 33인이 아니라 민족 대표 29인? ▶

3·1 운동 때 민족의 대표로서 독립 선언서에 서명한 33인을 '민족 대표 33인'이라고 해요. 민족 대표는 대부분이 종교 지도자들로 구성되었어요. 종교계는 일제의 강압적인 통치에서 비교적 자유로웠기 때문이지요. 이들은 3월 1일 태화관에 모여 을사늑약이 무효이며, 조선은 독립국이고, 조선인은 자주민임을 선언했어요.

그런데 태화관에 모인 사람은 33명이 아니라 실제로 29명이었어요. 다른 4명은 지방에 있어 참석하지 못했지요.

그래서 태화관에서 민족 대표들이 독립 선언을 하는 장면을 그린 '민족 대표 삼일 독립 선언도'를 보면 29명만 그려져 있다는 걸 발견할 수 있답니다.

🚇 지하철 타고 만나는 인물 이야기

손병희 1861~1922

손병희 선생은 1882년에 동학을 알게 되었고 3년 후 동학의 2대 교주인 최시형의 제자가 되어요. 동학의 세력이 점차 커지자 나라에서는 동학이 세상을 어지럽히고 백성들을 속인다는 죄목으로 동학의 창시자인 교주 최제우를 1864년에 사형시켰어요. 그의 억울함을 풀기 위해 1892년 최시형을 비롯하여 동학 간부들이 교조 신원 운동을 벌이기도 했지요.

손병희 선생은 동학 농민 운동의 마지막이자 최대 격전지였던 우금치 전투에서 일본군에 패배하자 교주 최시형을 모시고 강원도로 피신했어요. 그러나 결국 최시형은 관청에 체포되어 사형에 처하게 되었어요. 그 뒤 손병희 선생이 최시형에 이어 제3대 교주가 되어 동학을 이끌었어요.

손병희 선생은 동학에 대한 탄압을 피하는 동시에 동학을 재건하고 세계 사정을 살펴보고자 망명길에 올랐어요. 국내에서 동학을 이끌던 이용구가 동학을 배반하자 그를 교단에서 내쫓고 동학의 이름을 천도교로 바꾸지요. 손병희 선생은 독립 정신을 일깨우기 위해선 교육이 필요하다고 생각해 보성 학원과 동덕 여자 의숙을 인수해 운영하면서 애국지사를 양성했어요.

1919년 일본 도쿄에서 유학생들이 발표한 2·8 독립 선언은 국내 독립운동에도 큰 자극을 주었어요. 손병희 선생을 비롯한 종교계 지도자들이 뜻을 모아 민족 대표 33인을 구성했어요. 그러고는 3월 1일, 민족 대표들은 태화관에 모여 독립 선언서를 낭독한 뒤 대한 독립 만세를 외쳤고, 일본 경찰들에게 체포되었어요. 손병희 선생은 이 일로 서대문 형무소에 수감되었어요. 옥중 생활을 하다 병을 얻게 되어 얼마 안 가 세상을 떠났어요.

← 도산 공원 →

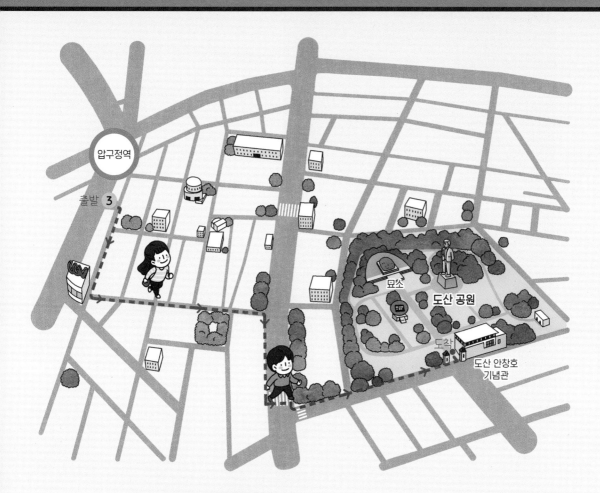

압구정역

출발 3

묘소

도산 공원

도착

도산 안창호
기념관

가 는 방 법 ➌ 압구정역

압구정역 3번 출구로 나와서 뒤돌아 걸으면 두 갈래 길이 나올 거예요. 오른쪽 길로 쭉 걷다 보면 오른편에 영화관 입구가 있고, 그 왼편으로 새로운 길이 하나 나와요. 왼편 길을 따라 큰길이 나올 때까지 계속 걸은 후 큰길에서 오른쪽으로 꺾어요. 길을 따라 걷다 보면 왼편으로 횡단보도가 나오는데, 횡단보도를 건넌 다음 앞쪽으로 보이는 골목을 따라 계속 직진해요. 그렇게 계속 걷다 보면 왼편으로 도산 공원 입구가 보여요.

안창호 선생 동상

도산 공원은 안창호 선생의 호인 '도산'에서 따와 붙인 이름이에요. 안창호 선생의 탄신 95주년을 맞이하여 안창호 선생의 애국정신과 교육 정신을 기리기 위해 1973년에 조성되었어요. 빌딩으로 둘러싸인 도심에 위치해 있어 인근 주민들과 직장인들에게 휴식처가 되어 주고 있어요.

이곳에는 안창호 선생과 아내이혜련 여사의 묘, 안창호 선생의 동상, 도산 기상 기념비, 말씀비, 도산 안창호 기념관 등이 있어요. 안창호 선생과 이혜련 여사 묘의 경우, 원래는 각각 망우리 공원과 미국 로스앤젤레스에있었는데 이곳으로 옮겨져 함께 모셔지게 되었다고 해요.

도산 공원 바로 오른편에 위치해 있는 도산 안창호 기념관에서는 안창호 선생의 생애와 여러 활동 등을 살펴볼 수 있어요. 안창호 선생의 유품을 비롯하여 안창호 선생의 모습과 일제 강점기 당시 한국을 담은 사진, 독립운동가 이동휘 선생이 미국에 있던 안창호 선생에게 보냈던 편지, 이혜련 여사가 독립 자금을 마련하기 위해 사용했던 재봉틀, 안창호 선생과 관련된 서적 등 약 17,000여 점의 자료가 보관되어 있어요.

안창호 선생, 이혜련 여사 묘
출처 [대한민국 역사 박물관], [근현대사 아카이브
(archive.much.go.kr)]

🚇 지하철 타고 만나는 인물 이야기

안창호 1878~1938

안창호 선생은 1897년, 독립 협회에 가입했어요. 독립 협회는 개화파 지식인들이 우리나라의 자주독립을 위해 세운 단체예요. 평양 관서 지부가 개최한 만민 공동회에 안창호 선생은 연설자로 나서서 정부와 관리를 비판하고 민중의 각성을 촉구하는 첫 연설을 했어요. 같은 해 서울 종로에서도 이상재, 이승만, 윤치호 등과 함께 만민 공동회를 열었지요.

그러나 독립 협회는 왕이 없는 나라를 세우려고 한다는 모함을 받아 강제로 해산되었어요. 안창호 선생은 고향인 평안남도 강서로 내려가 우리나라 최초의 남녀 공학인 점진 학교를 세워 학생들을 교육했어요. 교육자의 길을 걷던 안창호 선생은 1902년 교육학을 본격적으로 공부하기 위해 미국으로 유학을 가요. 그곳에서 우리나라 동포들의 단결을 위해 공립 협회를 만들고, 〈공립신보〉라는 신문을 펴내며 동포들에게 민족정신을 심어 주고자 했어요.

1905년 을사늑약이 체결되었다는 소식을 듣고 안창호 선생은 귀국을 결심하지요. 귀국 후 일제의 탄압을 피하기 위해 이갑, 양기탁, 신채호 등과 함께 비밀 결사 조직인 신민회를 만들어 교육과 민족 산업을 키우는 데에 힘써요. 1909년 안중근 의사의 이토 히로부미 암살 사건에 관련되었다는 혐의로 옥살이를 했어요. 일제의 감시가 심해지자 안창호 선생은 다시 미국으로 가게 되어요. 그곳에서도 청소년 교육 기관인 흥사단을 만들어 이민 교포와 유학생을 가르쳤어요.

1919년 3·1 운동 후 상하이로 건너가 임시 정부에서 내무 총장 겸 국무총리 대리를 지내고, 임시 정부 기관지인 〈독립〉을 펴냈어요. 임시 정부의 활동과 독립운동의 방향을 놓고 의견 차이가 생기자 안창호 선생은 임시 정부를 탈퇴하고 새로운 조직을 만들어 독립운동을 이어 갔어요. 1937년에 흥사단 동지들과 함께 수양 동우회 사건으로 체포되었고 같은 해 병을 얻어 풀려났지만 곧 세상을 떠났어요.

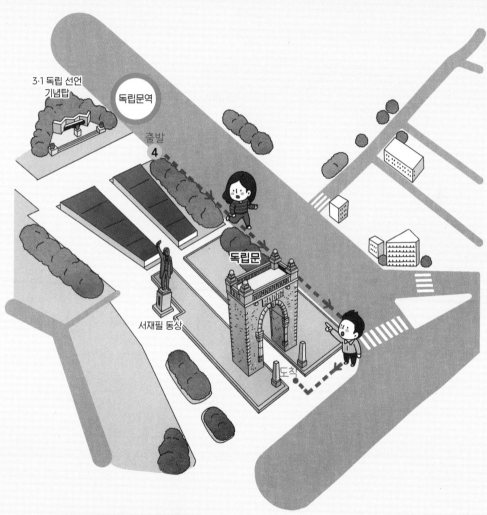

3·1 독립 선언
기념탑

독립문역

출발
4

독립문

서재필 동상

도착

가 는 방 법 ━3 독립문역

독립문역 4번 출구로 나와 길을 따라 쭉 가다 보면 독립문이 나와요.

독립문

독립문은 중국 사신을 맞이하던 모화관의 정문인 영은문을 허물고 지어졌어요. 모화관이라는 이름에는 '큰 나라를 섬긴다.'는 뜻이 담겨 있어요. 독립 협회의 주도 아래 백성들은 시공비 3,825원을 모았어요. 1896년 11월에 짓기 시작한 독립문은 1년 만에 완성되었지요. 독립문은 더 이상 다른 나라에게 간섭받지 않고 나라를 다스리겠다는 정신이 담겨 있어요.

🚃 지하철 타고 만나는 인물 이야기

서재필 1864~1951

서재필 선생은 1883년 일본으로 유학을 가서 1년간 현대 군사 훈련을 받았어요. 그 후 1884년 귀국해 군인을 양성하는 조련국의 사관장이 되어 조선의 군력을 키우기 위해 힘썼지요. 일찌감치 개화사상에 눈을 뜬 서재필 선생은 나라의 문을 열어 외국의 발달된 문물을 받아들여야 한다고 생각했어요. 그래서 김옥균, 서광범, 홍영식, 박영효와 같은 개화파 사람들과 함께 1884년 갑신정변을 일으켰지만 3일 만에 실패하고 말아요. 이 일로 서재필 선생은 역적으로 몰려 곧바로 일본으로 망명해요. 함께 떠나지 못한 가족들은 모두 목숨을 잃었어요. 1885년에 다시 미국으로 망명한 서재필 선생은 미국 시민권을 취득했어요. 컬럼비아 대학교 의과 대학에서 공부하여 한국인 최초로 미국 국적을 가진 서양 의학 의사가 되었지요.

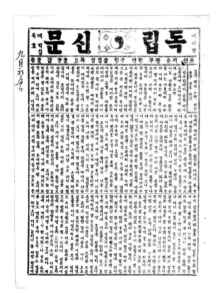

독립신문
출처 [국립 민속 박물관], [e뮤지엄(www.emuseum.go.kr)]

갑신정변이 일어난 지 10여 년 후, 역적이라는 죄명이 벗겨지자 서재필 선생은 1895년 고국으로 돌아와 계몽 운동을 벌여요. 먼저 한국 최초의 민간 신문인 〈독립신문〉을 펴냈어요. 독립 협회를 조직해 중국 사신을 맞아들이던 영은문 자리에 독립문을 세우자고 건의해 국민의 성금으로 독립문을 세우지요. 또한 중국 사신들이 머물던 모화관 자리에 독립관을 세워 토론회와 강연회 등을 자주 열었어요. 일반 시민의 민중 집회인 만민 공동회도 열어 개혁에 대한 열망을 국왕에게 알리기도 했지요. 이처럼 독립 협회가 활발한 활동을 벌이자, 보수적인 정치인들은 독립 협회를 모함하여 해산시켰고, 개혁 운동의 지도자였던 서재필 선생은 1898년에 다시 미국으로 가고 말아요.

국내에서 3·1 운동이 일어나자, 서재필 선생은 자신의 재산 전부를 정리해 독립 운동 자금으로 내놓았고 미국 잡지 〈더 이브닝 레저〉를 통해 우리나라의 독립 문제를 알리며 일제를 비난했어요. 대한민국 임시 정부에선 외교 위원장이 되어 〈인디펜던트〉라는 영문판 독립신문을 발행했어요. 제1차 세계 대전이 끝난 뒤에는 워싱턴에서 열린 군축 회의●에 우리나라의 독립을 요청하는 글을 냈어요. 하와이 호놀룰루에서 범태평양 회의가 개최되자 우리나라 대표로 참석하여 일제의 침략을 폭로하며 세계의 지원이 필요하다고 알렸지요.

● 군축 회의 제1차 세계 대전 뒤에 각국이 협력하여 군비를 줄이고자 연 회의

← 서대문 형무소 역사관 →

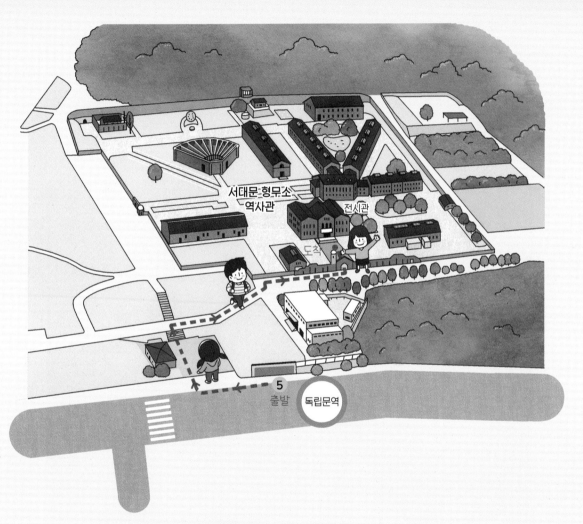

가는방법 ─3 독립문역

독립문역 5번 출구로 나와요. 뒤돌아 걷다 보면 오른편으로 서대문 독립 공원이 보일 거예요. 공원 안쪽으로 들어가면 서대문 형무소 역사관이 나와요.

을사늑약이 일본에 의해 강제로 이루어진 것을 세계적으로 알리기 위해 1907년 고종이 네덜란드 헤이그에서 열린 만국 평화 회의에 특별 사절단을 보내요. 하지만 일본의 방해로 실패하고, 이 일로 고종은 퇴위되어요. 이에 일본의 침략에서 벗어나고자 국권 회복 운동이 일어나요. 일본은 독립운동가들을 마구 잡아들이는 데 필요한 수용 시설을 짓기로 해요. 1908년 경성 감옥이라는 이름의 근대식 교도소를 지었어요. 이후 경성 감옥에서 서대문 감옥으로, 그리고 서대문 형무소로 이름을 바꾸지요.

서대문 형무소 역사관

출처 [국가유산청], [국가유산포털(www.heritage.go.kr)]

처음에는 500명 정도를 수용할 수 있었던 규모였지만 독립운동으로 잡혀 들어오는 사람들이 많아지자 3,000명을 수용할 정도로 규모를 확장시켰어요. 이곳에 잡혀 온 4만여 명이나 되는 사람들은 끔찍하고도 모진 고문을 받아야 했지요. 그 과정에서 수백 명의 독립투사들이 숨을 거두었어요.

서대문 형무소 역사관 고문실
출처 [한국 문화 정보원, 서대문 형무소], [공공누리(www.kogl.or.kr)]

광복 후에도 서대문 형무소는 여러 차례 이름을 바꾸며 교도소로 이용되다가, 1998년 역사관으로 개관했어요. 현재 서대문 형무소 역사관은 유관순 열사가 투옥되어 숨을 거둔 지하 옥사, 감시탑과 고문실, 사형장, 옥사 7개 동, 역사 전시관 등으로 구성되어 있답니다.

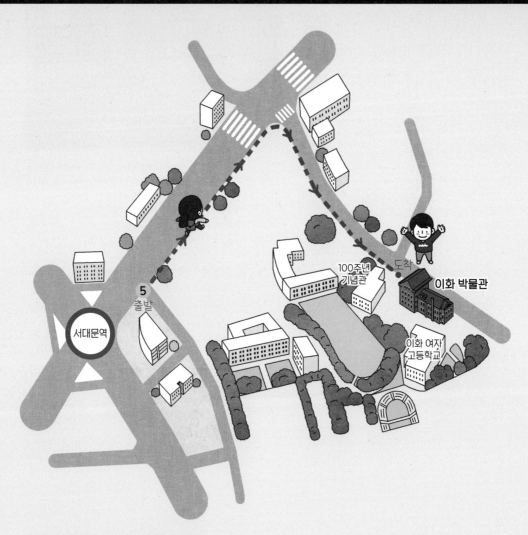

가 는 방 법 — **5 서대문역**

서대문역 5번 출구로 나와 정동 사거리까지 직진해요. 사거리가 나오면 오른쪽으로 꺾어 길을 따라 계속 걸어요. 그러다 보면 오른편에 이화 여자 고등학교가 나올 거예요. 이화 박물관은 이화 여자 고등학교 안에 위치해 있어요.

이화 박물관

이화 학당은 가부장적인 사회 속에서 제대로 교육을 받지 못했던 여성들을 위하여 세운 우리나라 최초의 여학교예요. 1886년 미국인 선교사 스크랜턴 여사가 설립했어요. '이화'라는 이름은 조선의 26대 왕인 고종이 '배꽃같이 순결하고 아름다우며 향기로운 열매를 맺으라.'는 뜻으로 지어 준 거예요.

설립 당시에는 여성 교육을 기피하는 전통적인 관념과 서양인에 대한 배타적인 태도 때문에 학생 수가 많지 않았지만 점차 학생 수가 늘어나고 규모가 커졌어요.

이화 학당은 우리나라 근대 여성 교육의 역사라고 할 수 있어요. 이화 박물관은 이러한 이화 학당 설립 120주년을 맞이하여 만들어진 곳으로, 이화 학당의 변화된 모습과 여성 교육의 역사를 한눈에 볼 수 있답니다.

🚃 지하철 타고 만나는 인물 이야기

유관순 1902~1920

유관순 열사는 일찍 기독교를 받아들인 집안에서 태어났어요. 유관순 열사의 아버지는 아이들을 가르치기 위해 학교를 지을 만큼 깨어 있었고 자녀 교육에도 적극적이었어요. 이러한 환경에서 자란 유관순 열사는 미국인 선교사의 도움으로 이화 학당에 다닐 수 있었어요. 학기 중에 열심히 신학문을 배워 방학이 되면 고향으로 내려가 배움에 굶주린 아이들을 가르쳤어요.

그러다 1919년 일본 도쿄에서 유학생들이 발표한 2·8 독립 선언을 계기로 국내에서도 만세 운동이 일어났지요. 3월 1일 정오, 탑골 공원에서 독립 선언서가 낭독되고 거리 곳곳에서 만세 운동이 벌어지자, 유관순 열사도 친구들과 함께 거리로 뛰쳐나가 태극기를 흔들며 만세를 불렀어요.

유관순 열사

만세 운동이 계속해서 일어나자 학교에 휴교령이 내려졌어요. 유관순 열사는 고향으로 내려가 서울의 시위 상황을 설명하며 마을 사람들에게 독립운동에 참여할 것을 설득했지요. 여러 사람들과 뜻을 모은 유관순 열사는 4월 1일(음력 3월 1일) 천안 아우내 장터에 모여 만세 운동을 벌였어요.

유관순 열사는 아우내 장터에 수천 명이 모이자, 연설을 한 뒤 준비해 온 태극기를 나누어 주고 독립 만세를 외치며 시위에 불길을 댕겼어요. 일본 경찰들은 총칼을 마구 휘두르며 제압했어요. 이날 유관순 열사의 아버지와 어머니를 비롯하여 19명이 사망하고 30여 명이 부상을 입었지요.

만세 운동의 주동자로 경찰에 잡힌 유관순 열사는 법정에서도 "나는 당당한 대한의 국민이다. 대한 사람인 내가 너희에게 재판받을 이유가 없고, 너희는 나를 처벌할 권리가 없다."라고 항거했어요. 그리고 대한 독립 만세를 외치며 일본인 재판관을 향해 의자를 내던져 '법정 모욕죄'까지 얻고 여성으로서 최고형인 5년 형을 선고받았어요.

유관순 열사는 서대문 형무소에 갇혀서도 동지들을 격려했어요. 3·1 운동이 1주년을 맞이한 1920년 3월 1일에는 옥사 안에서 만세 운동을 펼치기도 했지요. 이렇게 독립 만세를 멈추지 않고 외쳤던 유관순 열사는 온갖 끔찍한 고문을 다 받다가 결국 열일곱 살 꽃다운 나이에 숨을 거두었어요.

이화 학당은 형무소 당국에 유관순 열사의 시신을 보내 달라고 요구했지만 거부당했어요. 그러자 이화 학당 교장인 월터는 이 사실을 전 세계에 알리겠다고 강력하게 항의했어요. 결국 일제는 유관순 열사의 장례를 조용히 치러야 한다는 조건을 걸고 시신을 보내 주었어요.

← 매헌 윤봉길 의사 기념관 →

🆐 는 방법 ── **신분당선** 양재시민의숲역(매헌역)

양재시민의숲역 5번 출구에서 나와서 직진하면 횡단보도가 보여요. 횡단보도를 건넌 뒤 왼쪽 길을
따라 걸어가면 매헌 윤봉길 의사 기념관의 출입구가 나와요.

매헌 윤봉길 의사 기념관 전경

신분당선 양재시민의숲역 안에 윤봉길 의사의 흉상이 놓여 있어요. 그의 호는 '매헌(梅軒)'이에요. 매화 매에 집 헌 자를 썼어요. 윤봉길 의사가 공부했던 글방인 오치서숙을 떠날 때, 스승인 매곡 성주록 선생께서 지어 주셨던 호라고 해요.

많은 사람이 '윤봉길 의사' 하면 '도시락 폭탄'으로 상하이 홍커우 공원에서 일본의 군사령관 시라카와를 폭사시킨 의로운 인물로 알고 있을 거예요. 그러나 잘못 알고 있는 것이지요. 왜 그 많은 책에서 도시락 폭탄이라는 말이 나왔을까요? 윤의사를 재판한 일본 군법 회의의 판결문이 없었다면 우리나라 사람들은 윤 의사가 홍커우 공원에서 던진 폭탄을 영원히 도시락으로 알고 있었을 거예요. 1932년 5월 25일자 일본 상하이파견군군법회의 판결문에 윤 의사가 던진 폭탄이 도시락이 아닌 물통 폭탄이라는 사실이 확인되었어요.

수통형 폭탄

윤 의사는 24년 6개월의 짧은 생애를 살았지만, 그의 삶은 누구보다도 치열했어요. 기념관 입구에 들어서면 중앙 홀이에요. 윤 의사의 좌상이 보이죠. 오른손은 왼쪽 가슴에 대고 왼손에는 '선서문'을 쥐고 있어요.

좌상의 받침대에는 '장부출가생불환(丈夫出家生不還: 사내가 집을 나가니 살아 돌아오지 않겠다)'의 글귀가 있어요. 윤 의사의 유언과 같은 말이면서 독립운동가로서 윤 의사의 결의였지요. 동상 아래쪽에는 펼쳐진 책 조형물이 있어요. 책 내용을 같이 살펴볼까요?

윤봉길 의사 좌상

인생은 자유의 세상을 찾는다.
사람에게는 천부의 자유가 있다.
자유의 세상을 우리가 찾는다.

… 나는 부모의 사랑보다
형제의 사랑보다 처자의 사랑보다도
더 한층 강의한* 사랑이
있는 것을 깨달았다. …

● **강의한** 의지가 굳세고 강직하여 굽힘이 없는

좌상의 바탕 돌과 조형물을 함께 보면, 윤 의사가 일제의 강압을 이겨 내기 위해 결행한 홍커우 의거와 조선인들에게 자유를 찾아 주기 위해 노력해 온 독립운동가의 모습이 파노라마처럼 지나가요.

중앙 홀의 좌우 벽에는 벽화가 있어요. 왼쪽엔 '묘지 팻말 사건'과 농촌 계몽 운동 모습이 그려져 있지요. 한 청년이 글을 읽을 줄 몰라서 공동묘지의 묘표들을 뽑아다가 윤 의사에게 아버지의 이름을 찾아 달라고 부탁한 사건이에요. '묘지 팻말 사건'은 윤 의사가 농촌 계몽 운동을 하게 만든 기폭제가 되었어요. 즉 "무지가 죄로다. 이것은 이 청년 한 사람만의 통곡이 아니라 이 나라 글을 모르는 사람들의 통곡 소리이다. 일본 침략자들보다 더 무서운 것이 바로 이것이로다."라고 하면서 문맹 퇴치와 함께 농촌 근대화 운동을 시작하게 된 것이지요. 오른쪽에는 홍커우 의거의 장엄한 장면이 그려져 있어요.

제1전시실에서는 윤 의사의 출생·성장 모습을 한눈에 볼 수 있어요. 충남 예산군 덕산면 시량리 출신인 윤 의사는 일제의 심부름꾼 양성을 위한 제도 교육을 거부하고, 독학으로 국사와 신학문을 습득하는 한편 오치서숙에서 한문학을 배워 학문의 폭을 넓혔어요. 전시관에는 윤 의사가 공부한 일본어 회화 책도 전시되어 있어요. 윤 의사는 일제 교육을 거부하면서도 나라의 세태를 파악하기 위해 일본어 공부를 독학하여 유창한 일본어를 구사했다고 해요. 이러한 철저한 준비가 홍커우 의거라는 거사를 이룬 밑바탕이 되었을 것으로 생각해요.

윤 의사는 문맹 퇴치와 농촌을 근대화하기 위한 농촌 계몽 운동에도 앞장섰어요. 문맹 퇴치를 위한 《농민독본》은 한글 학습을 위한 1권, 예절·인사법·격언을 소

농민 독본

개한 2권, 윤 의사가 생각하는 농촌 개혁의 방향을 이야기하는 3권으로 되어 있어요.

제1전시실의 영상 중 윤 의사가 중국으로 망명하기 전에 부인 배용순 여사에게 물을 얻어 마시는 장면이 있어요. 후에 배용순 여사는 윤 의사께서 물을 달라고 한 것이 생애 마지막 인사였다는 사실을 알았다고 회상했어요. 어머니께는 수건과 과자를 선물로 드리고 '장부출가생불환'이란 유언과 같은 편지를 남긴 채 1930년 3월 6일 중국으로 망명해요. 윤 의사는 중국 청도에 머무르며 어머니께 편지를 보냈어요. 편지 속에 '우리 청년 시대에는 부모의 사랑보다, 형제의 사랑보다, 처자의 사랑보다도 강의한 사랑이 있는 것을 깨달았다'며 조선 독립을 위한 단호한 결의를 드러냈지요.

1931년 5월 상하이에 도착한 윤 의사는 여러 곳에서 일하며 다른 한국인들을 도와주고, 김구와 만나 여러 차례 독립운동에 관한 이야기를 나누었어요. 의거 계획이 있거든 자신을 써 달라고도 부탁했죠. 그리고 1932년 4월 20일 〈상해일일신문〉에 '일왕 생일 축하 및 상하이 승전 축하식'이 열린다는 기사를 보고 윤 의사는 김구를 만나 거사를 돕고 싶다고 하였고, 김구는 기꺼이 승낙했어요. 제2전시실에는 윤 의사의 농촌 계몽 운동, 청도에서의 생활 그리고 홍커우 의거의 모습을 영상으로 보여 줘 마음을 숙연하게 해요.

의거 성공은 유명무실했던 임시 정부를 다시 일으켰고, 무기력했던 청년들이 항일 운동에 참여하게 했어요. 윤 의사의 의거에 감동한 중국 지도자 장제스는 카이로 선언에 '한국의 독립'을 국제적으로 약속했어요. 이는 일본의 패망과 함께 대한민국 탄생으로 이어졌지요.

윤 의사의 일생을 한눈에 볼 수 있는 전시실을 둘러보고 있노라면, 윤 의사의 나라 사랑 정신과 애민 의식이 마음속에 스며드는 것 같아요.

조국의 독립과 자유를
회복하기 위하여
적의 장교를 처단할 것을
맹세하나이다.

tip 묘지 팻말 사건 ▶

윤 의사가 오치서숙에서 공부하던 때에 묘지 팻말을 한 아름 안은 청년이 다가와 윤 의사에게 글을 아는지 물었어요. 윤 의사가 안다고 하자 청년은 안고 있던 팻말을 내려 놓으며 아버지 묘표를 찾아 달라고 했어요. 글을 읽을 줄 모르는 청년이 아버지의 산소를 찾 겠다는 간절한 마음으로 묘지 팻말들을 뽑아 온 거예요. 윤 의사는 사연을 듣고 아버지의 묘 지 팻말을 찾아 주었어요. 그리고 청년에게 묘지 팻말들을 뽑으며 어디에 꽂혔는지 표시했는 지를 물으니, 청년이 고개를 저었어요. 윤 의사가 '당신 선친의 묘소는 물론 이 묘지 팻말의 주인들도 모두 찾을 길이 없게 되었다'고 하니 청 년은 주저앉아 통곡했어요. 윤 의사는 이 사건 을 계기로 일본 침략자들보다 더 무서운 것 이 무지라 생각하고는 문맹 퇴치 운동에 힘썼어요. 그리고 농촌 부흥을 위한 농민 교육과 항일 운동의 길로 나섰어요.

🚃 지하철 타고 만나는 인물 이야기

윤봉길 1908~1932

농사꾼의 아들로 태어난 윤봉길 의사는 18세의 어린 나이부터 농촌 계몽 운동 에 앞장섰어요. 한글 교육과 문맹 퇴치 운동을 위해 야학회를 열기도 했지요. 일제 의 탄압이 거세지자 1930년, 나라를 구하겠다는 마음 하나로 만주로 떠났어요. 윤봉길 의사는 성공적으로 독립운동을 하려면 대한민국 임시 정부에 가야 한다고 생각했어요. 그래서 만주에서 상하이로 넘어가 한인 애국단에 입단해 거사를 준비해요. 1932년 4월 29일 일본 국왕의 생일 기념식이 열리는 날, 윤봉길 의사는 단상 위에 폭탄을 던졌어요. 일본군 사령관을 비롯하여 주요 인사들은 죽거나 다쳤어요. 윤봉길 의사는 그 자리에서 붙잡혔고 그해 12월 19일, 24세의 젊은 나이에 일본 가나자와 육군 형무소에서 사형을 당해요. 윤봉길 의사의 의거는 세계적으로 널리 알려졌어요. 중국의 주석 장제스는 "중국의 100만 대군도 하지 못한 일을 조선의 한 청년이 해냈다."라며 놀라워했고, 적극적으로 대한민국 임시 정부를 지원했어요.

tip 문학가 윤봉길 ▶

윤 의사는 의열 투쟁으로 널리 알려졌지만, 〈명추〉, 〈옥타〉, 〈임추〉 등의 시집과 340여 수의 시를 남긴 시인이기도 했어요. 그중 호방한 기상이 드러나는 한시 '학행'은 칠언 절구●로, 윤 의사가 14세인 1922년 7월에 열린 시회에서 장원을 차지했어요. 이 시는 10년 후 윤 의사가 행한 의거의 정신을 표현하고 있어요.

불후성명사기명 不朽聲名士氣明　길이 남길 그 이름 선비의 기개 맑고
사기명명만고청 士氣明明萬古晴　선비의 기개 맑고 맑아 만고에 빛나리
만고청심도재학 萬古晴心都在學　만고에 빛나는 마음 학문에서 우러나며
도재학행불후성 都在學行不朽聲　배워서 잘 실천하면 그 이름 스러지지 않으리

● **칠언 절구** 한 구가 7개의 한자로 된 절구. 총 4구로 이루어진 한시

경복궁 수정전

세종 대왕 기념관

이순신 생가터

허준 박물관

낙성대

2장

위대한 업적을
남긴 위인

경복궁 수정전

← →

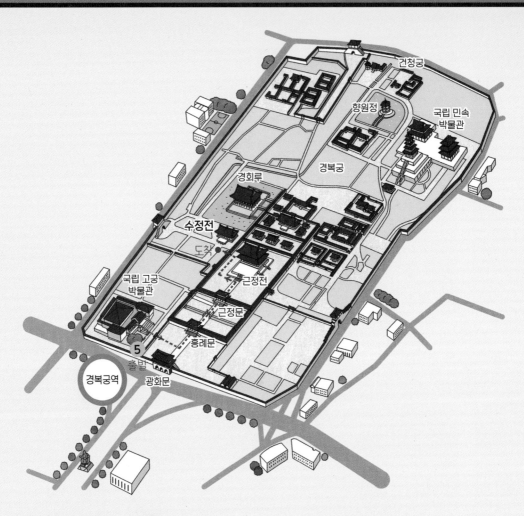

건청궁

향원정

국립 민속
박물관

경복궁

경회루

수정전

도찹

국립 고궁
박물관

근정전

근정문

흥례문

5
출발

경복궁역

광화문

가 는 방 법 ─③ 경복궁역

경복궁역 5번 출구로 나오면 앞쪽으로 경복궁 안으로 들어갈 수 있는 문이 보여요. 안쪽으로 쭉 들어가
다 보면 오른편으로 광화문이, 왼편으로 흥례문이 보이지요. 흥례문 쪽으로 들어가 직진해요. 근정문
을 지나면 근정전이 보이는데, 근정전 왼편으로 돌아가면 왼쪽에 수정전으로 가는 문이 나와요. 그
문을 지나면 바로 보이는 건물이 바로 수정전이랍니다.

경복궁은 조선을 건국한 태조 이성계가 지은 궁궐이에요. 경복궁에는 왕족들이 생활하는 침전 영역, 관리들이 왕에게 문안 인사를 드리거나 외국 사신을 맞이하던 정전 영역, 정사를 보며 경전을 읽고 토론하던 편전 영역, 휴식을 취할 수 있는 후원 등이 있지요.

외국 사신들을 맞이하거나 왕이 관리들과 연회를 열던 경회루 남쪽을 보면, 현재 경복궁 건물 중 가장 큰 규모인 수정전이라는 전각●이 있어요. 임진왜란● 때 불에 타 사라진 수정전은 26대 왕인 고종 때 다시 지어졌어요.

조선 4대 왕인 세종 때는 수정전을 집현전으로 쓰며 학자들과 밤새워 한글을 만

경복궁 수정전

● **전각** 임금이 거처하는 집
● **임진왜란** 1592년부터 1598년까지 두 차례에 걸쳐 일본이 조선을 침입하며 일어난 전쟁

들기도 했어요. 고종 때는 임시로 편전의 역할을 했고 조선 말기에는 갑오개혁을 추진했던 본부로 사용되기도 했답니다.

🚈 지하철 타고 만나는 인물 이야기

장영실 1390년경~?

관청 노비 출신이었던 장영실은 어렸을 때부터 손재주가 뛰어났어요. 그 소문이 조정까지 알려지면서 공조 참판 이천의 추천으로 한양으로 올라오게 되었어요. 세종 대왕은 장영실의 재주를 아꼈고, 많은 이들의 반대를 무릅쓰면서까지 장영실에게 '상의원 별좌'라는 벼슬을 내려요. 장영실이 마음껏 연구할 수 있도록 배려한 것이지요.

장영실은 다양한 과학 기구들을 만들어 조선의 과학 기술을 발전시키고 농업 발달에 크게 이바지했어요. 우리나라는 전통적으로 벼농사를 주로 하는 농업 사회였어요. 농사를 잘 짓기 위해서는 자연 현상을 예측해 씨 뿌리고 거두는 모든 과정이 정확한 시기에 이루어져야 해요. 그래서 장영실은 별의 움직임을 관측하는 간의와 혼천의를 만들어 우리나라의 절기를 알 수 있도록 했어요. 또 해의 그림자로 시간을 재는 앙부일구를 종묘 앞에 설치하여 백성들이 시간을 편하게 파악할 수 있게 했지요. 이외에도 물을 부으면 자동으로 움직여 시간을 알려 주는 물시계인 자격루, 시간과 계절을 알 수 있고 천체의 움직임도 관측할 수 있는 옥루, 휴대용 해시계인 현주일구와 천평일구 등도 만들었어요. 지금의 수정전 앞은 자격루가 세워졌던 보루각이 있던 자리로 자격루터 표석이 있어요.

장영실은 비의 양을 재는 측우기 발명에도 함께했어요. 비는 한 해 농사를 결정짓는 중요한 요인 중 하나예요. 그러나 그 당시에는 비의 양을 정확하게 재기 어려웠어요. 세종 대왕은 이러한 문제를 해결하기 위해 당시 세자였던 문종에게 내린 비의 양을 재는 기구인 우량계를 만들게 했어요. 세자는 장영실과 함께 원통 모양의 측우기를 만들었어요. 세자와 장영실이 만든 측우기는 세계 최초의 우량계로, 유럽에서 만든 우량계보다 약 200년이나 앞선 것이지요.

측우기
출처 [한국학중앙연구원], [공공누리(www.kogl.or.kr)]

장영실은 노비로 태어났음에도 나라에 공을 세워 종3품까지 오른 대단한 인물이었어요. 그러나 장영실이 제작을 감독한 세종 대왕의 가마가 부서지는 사건이 벌어져 불경죄에 처해 벼슬에서 물러나게 되었어요. 그 이후의 행방에 대한 기록은 남아 있지 않아요.

← 세종 대왕 기념관 →

가 는 방법 — 6 고려대역

고려대역 3번 출구로 나와 직진해요. 횡단보도가 나오면 건너지 말고 오른쪽 길로 가요. 오른쪽으로 세종 대왕 기념관 삼거리가 나올 때까지 계속 직진해요. 그러면 앞쪽으로 세종 대왕 기념관 입구가 보일 거예요. 3번 출구에서 나와 정류장에서 3216번 버스를 타고 '국방 연구원'에서 하차 하여 갈 수도 있어요.

세종 대왕 기념관

세종 대왕 기념관은 세종 대왕의 업적을 기리기 위해 1973년 10월 9일 한글날에 맞춰 개관하였어요. 세종 대왕 기념관은 크게 일대기실, 한글실, 과학실, 국악실로 구성된 실내 전시실과, 실외 전시실로 나누어 볼 수 있어요.

일대기실에는 세종 대왕의 어진을 비롯한 집현전 학사도, 훈민정음 반포도 등 세종 대왕의 일대기와 관련된 자료들이 전시되어 있어요. 한글실에는 《훈민정음》, 《용비어천가》, 《월인천강지곡》 등 세종 대왕이 나라를 다스리던 당시 펴냈던 한글과 관련된 책들이 전시되어 있지요. 과학실에서는 책을 만드는 과정을 재현한 활자 유물과 여러 천문 기구 등을 볼 수 있어요. 국악실에서는 다양한 국악기와 무용 복식을 전시하고 있어 우리나라 전통 음악인 국악에 대해 알 수 있어요.

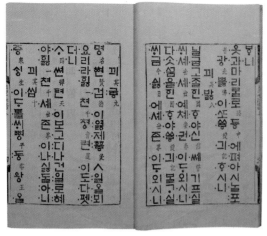

월인천강지곡

밖으로 나가면 세종 대왕의 생애와 업적을 기리기 위해 세운 서울 세종 영릉 신도비, 하천의 물 높이를 측정하던 기구인 서울 청계천 수표와 같은 보물들도 만날 수 있어요.

또한 세종 대왕과 소헌 왕후의 능에 세웠던 구영릉 석물을 비롯하여 측우기, 해시계, 물시계 등 다양한 유물도 볼 수 있답니다.

tip 세종 대왕릉 자리의 원래 주인은 따로 있었다?

원래 세종 대왕릉은 서울시 서초구 내곡동의 대모산에 있었어요. 세종 대왕이 항상 자신의 아버지인 태종의 곁에 있고 싶다고 하여 태종의 묘인 헌릉 옆에다가 모신 것이지요. 그러나 묘지의 위치가 좋지 않다고 하여 예종 때에 묘를 옮기기로 했어요. 예종의 명을 받은 관리들이 터를 잡기 위해 길을 나섰지요. 이곳저곳을 보던 중 지금의 세종 대왕릉이 있는 산에 이르렀고, 그곳이 명당임을 한눈에 알아차려요. 그러나 이미 다른 사람의 묏자리로 사용되고 있어 관리들은 다시 한양으로 올라가 예종에게 그 사실을 전했어요. 예종은 그 묘를 지키는 후손들에게 양보해 달라는 뜻을 비쳤고, 그들의 양보 덕에 세종 대왕과 부인 소헌 왕후가 경기도 여주에 모셔지게 된 거예요.

🚈 지하철 타고 만나는 인물 이야기

세종 대왕 1397~1450

조선의 4대 왕인 세종 대왕은 위대한 업적을 많이 남겼어요. 우선 한글을 만들고 세상에 퍼뜨렸지요. 세종 대왕이 한글을 만들기 전까지 우리나라만의 글자가 없어서 중국의 문자인 한자를 빌려 와 사용했어요. 그러나 한자는 일반 백성들이 배우기에 너무 어려워 거의 모든 백성이 글을 읽거나 쓰지 못하였어요. 이를 안타깝게 여긴 세종 대왕은 모든 백성이 쉽고 편하게 사용할 수 있는 우리만의 문자를 만들기로 결심해요. 신하들의 반대에도 세종 대왕은 집현전을 설치해 학자들과 함께 백성을 가르치는 바른 소리라는 뜻의 훈민정음을 만들어요.

백성들을 향한 세종 대왕의 업적은 이뿐만이 아니었어요. 그 당시에는 대부분의 사람들이 농사를 지었는데, 농사에는 시간과 절기에 따라 농사를 짓는 것이 매우 중요했어요. 그래서 세종 대왕은 백성들의 생활을 돕고 농업을 발전시키기 위해 장영실과 이천 등에게 많은 과학 기구를 만들게 했어요. 천문 시계인 혼천의, 해시계인 앙부일구 등을 만들어 농사에 필요한 시간과 절기를 백성들이 제때 알고 대비할 수 있도록 했지요. 또 세계 최초로 내린 비의 양을 재는 측우기를 만들게 하여 홍수를 예방하는 데에도 도움을 주었어요.

세종 대왕은 영토를 넓히고 나라를 지키는 데에도 힘썼어요. 당시에 북쪽으로는 여진족이, 남쪽으로는 왜구들이 우리나라를 침략하고 백성들을 괴롭혔어요. 세종 대왕은 압록강에 최윤덕 장군을 보내고 두만강에는 김종서 장군을 보내 4군 6진이

라는 군사 행정 구역을 설치해 여진족을 몰아냈어요. 또한 이종무 장군을 시켜 왜
구들의 소굴인 쓰시마섬을 공격했지요. 이렇듯 세종 대왕은 정치, 경제, 군사, 과
학, 문화 등 모든 분야에 걸쳐 조선을 발전시켰답니다.

이순신 생가터

← →

가 는 방 법 ──②③ 을지로3가역

을지로3가역 7번 출구로 나와 걷다 보면 오른편으로 제비스코 태창 페인트 상사라는 가게가 보일 거예요. 그 가게 골목으로 들어가요. 왼편으로 명성 합지라는 가게가 보이면 가게를 왼편에 끼고 골목으로 들어가요. 골목을 따라 걷다 보면 앞에 신도 빌딩이 나와요. 이곳이 이순신 장군의 생가 터로 추정되는 곳이에요.

충청남도 아산에는 이순신 장군을 기리는 사당인 현충사가 있어요. 그래서 이순신 장군의 고향을 아산으로 착각하기 쉬운데, 아산은 이순신 장군의 외가가 있는 곳이고 이순신 장군의 고향은 서울이에요. 이순신 장군은 서울 중구에 위치한 인현동(옛 이름은 건천동)에서 태어났어요. 을지로3가역 7번 출구로 나와 걷다 보면 인도에 '충무공 이순신 장군의 거리'라고 쓰여 있고, 그 길을 따라 5분 정도 가면 명보 아트홀 건물 앞에 '충무공 이순신 생가터'라는 표지석을 볼 수 있어요.

그러나 정확히 말하면 이곳은 이순신 장군의 생가터가 아니에요. 생가터를 알리는 표지석이 잘 보이도록 대로변에 세워 둔 것이지요. 그러다 2017년 역사학자들은 고증을 통해 이순신 장군의 생가터가 골목 안쪽에 있는 신도 빌딩 자리임을 추정하였지요. 그래서 이곳에도 '충무공 이순신 생가터'라는 안내판을 세웠답니다.

🚉 지하철 타고 만나는 인물 이야기

이순신 1545~1598

이순신 장군은 임진왜란때 남해를 장악하며 일본군을 무찌른 우리나라의 영웅이에요. 전투 중 죽음을 맞을 때까지도 일본군에게 우리나라의 전력이 들키지 않도록 자신의 죽음을 알리지 말라는 말을 남기며 조용히 눈을 감았어요.

1576년에 무과 시험에 합격하여 벼슬길에 오른 이순신 장군은 늘 성실히 일하며 실력을 인정받았어요. 그러나 잘못된 일을 결코 받아들이지 않는 올곧은 성격이라 사람들의 시기와 모함을 많이 받았고 승진도 늦었지요. 그러다 1591년 유성룡의 추천으로 전라좌도 수군절도사가 되면서 군대를 정비하고, 거북선을 준비하며 일본군의 침입을 대비했어요.

이순신 장군은 임진왜란이 일어난 후 처음 출전했던 옥포 해전에 이어 사천, 당포, 한산도 등에서 일어난 전투에서도 승리를 거두었어요. 바다를 완전히 장악하여 일본군의 식량 보급선을 끊어 버렸지요.

이렇게 많은 공을 세운 이순신 장군은 1593년 삼도 수군통제사가 되지만, 1597년 일본군의 계략과 원균의 모함으로 관직에서 쫓겨나 옥에 갇히게 되지

이순신 장군 초상

요. 그 후 이순신 장군은 선조에게 권율 장군 밑에서 백의종군●하라는 명을 받고 옥에서 풀려나요.

그러나 원균이 이끄는 조선 수군이 일본군에게 크게 패하면서 이순신 장군은 다시 삼도 수군통제사가 되어요. 남아 있던 수군의 배는 단지 13척뿐이었지만, 실망하지 않고 130여 척의 배를 몰고 온 일본군과 맞서 싸워 그중 31척을 쳐부수었지요. 전쟁에서 밀리기 시작한 일본군은 철수를 결심하고 노량 앞바다에 모였어

● 백의종군 벼슬 없이 군대를 따라 싸움터로 감

요. 이순신 장군은 이때를 놓치지 않고 일본군을 공격했는데, 그만 일본군의 총탄을 맞고 쓰러졌어요. 이순신 장군은 "싸움이 급하니 나의 죽음을 알리지 말라."라고 이른 뒤 조용히 눈을 감았어요. 이순신 장군은 숨을 거두면서도 병사들의 사기를 생각했던 거예요.

다행히 노량 해전은 조선의 승리로 끝이 나고 왜군들은 조선에서 완전히 물러났어요. 이순신 장군은 임진왜란 중에 뛰어난 능력을 발휘하여 우리나라 역사를 빛낸 영웅으로 불리고 있어요.

허준 박물관

← →

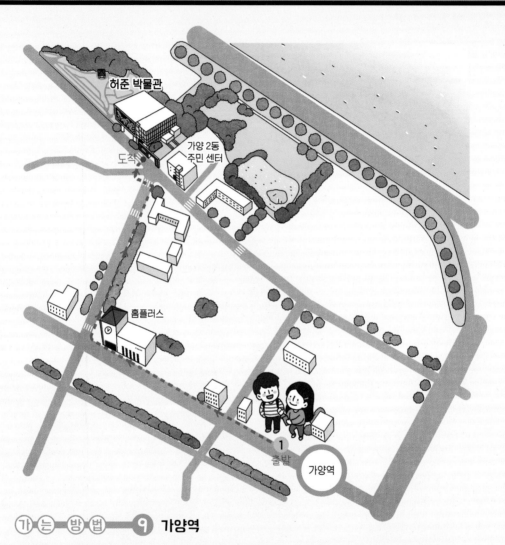

허준 박물관

가양 2동
주민 센터

도착

홈플러스

1
출발

가양역

가 는 방 법 — 9 **가양역**

가양역 1번 출구로 나와 쭉 직진하다 보면 오른편에 홈플러스가 보일 거예요. 홈플러스를 오른쪽에 끼고 돌면 허준 테마 거리가 꾸며져 있어요. 그 길을 따라가다 보면 허준 박물관이 나온답니다. 1번 출구에서 나와 정류장에서 660번 버스를 타고 '서울 서진 학교'에서 내려서 가는 방법도 있어요.

허준 박물관은 서울 강서구(옛 이름 양천현)에 있어요. 허준 선생은 태어나서 눈을 감는 날까지 이곳에 살았다고 해요. 그의 가장 유명한 책이자 유네스코 세계 기록 유산으로 등재된《동의보감》역시 이곳에서 완성했다고 해요.

허준 선생은 동양 의학의 수준을 한 단계 높이고 우리나라 의학의 우수성을 세계에 널리 알린 인물이에요. 허준 박물관은 이러한 허준 선생의 삶과 학문적 업적을 널리 기리고자 세워졌어요. 허준 선생의 초상화와 허준 선생이 쓴 책들,《동의보감》에 나오는 다양한 약초, 전통 약그릇 등이 전시되어 있지요. 얼굴, 혀, 눈의 색깔을 통해 건강 상태를 확인하는 망진법, 손으로 맥을 잡아 건강 상태를 알아내는 맥

허준 박물관

진법 등 한의학과 관련된 다양한 체험을 해 볼 수 있답니다.

🚈 지하철 타고 만나는 인물 이야기

허준 1539~1615

허준 선생은 무인으로 출세한 양반 집안에서 서자●로 태어났어요. 비록 신분은 양반이 아닌 중인이었지만, 훌륭한 가문 덕에 차별받지 않고 학문을 쌓을 수 있었어요. 그중 의학 공부에 온 힘을 기울였지요.

허준 선생은 유학자 유희춘의 병을 치료한 일을 계기로 유희춘의 신임을 얻었어요. 유희춘은 허준 선생을 내의원 의원으로 추천했어요. 그 덕분인지는 정확히 알 수 없지만, 1578년 허준 선생은 내의원 첨정이라는 관직에 오르게 되어요.

허준 선생은 조선의 14대 왕인 선조의 명령을 받고 여러 의원들과 《동의보감》을 쓰기 시작했어요. 정유재란이 발발하면서 작업이 중단되었다가, 나중에는 허준 선생 혼자서 집필을 이어 갔지요. 그렇게 14년 만에 《동의보감》 25권 25책을 완성해요. 《동의보감》은 그 당시의 의학 지식을 거의 포함한 의학 백과사전이에요. 허준 선생은 주변에서 쉽게 구할 수 있는 약재들을 한글로 소개하

동의보감

● 서자 양반과 양민 여성 사이에서 낳은 아들

기도 했어요. 《동의보감》은 일본과 중국에도 출판되어 동양 의학의 수준을 한 단계 발전시켜 주었어요. 현재는 유네스코 세계 기록 유산으로 등재되어 있답니다.

허준 선생은 《동의보감》 외에도 한글로 된 의서인 《언해두창집요》, 《언해태산집요》, 《언해구급방》을 집필하는 등 의학 분야에 큰 업적을 남겼답니다.

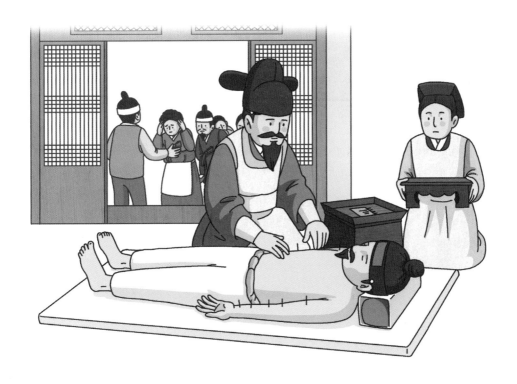

낙성대

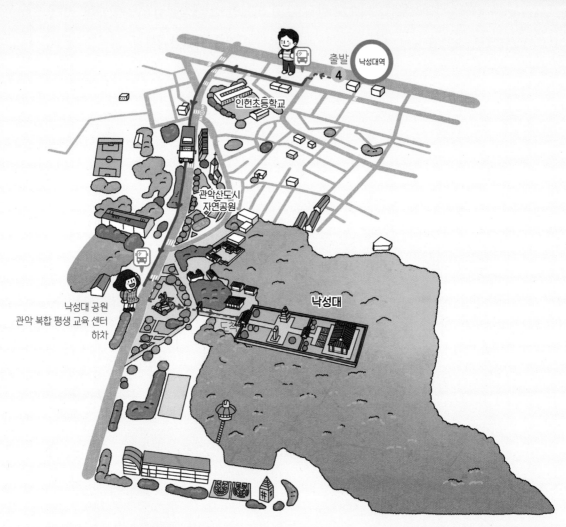

가는 방법 ─2 **낙성대역**

낙성대역 4번 출구를 나와 직진하면 횡단보도 맞은편 빵집 앞에 버스 정류장이 있어요. 여기서
관악 02번 버스를 탄 다음, '낙성대 공원, 관악 복합 평생 교육 센터'에서 하차해요. 버스가 가
던 방향의 반대 방향으로 조금만 걸으면 횡단보도가 나와요. 횡단보도를 건넌 뒤 오른쪽으로 직진
하면 낙성대 공원 입구가 보여요.

낙성대는 별이 떨어진 곳이라는 뜻을 가졌는데요, 정말 이곳에 별이 떨어졌을까요? 지하철 2호선 낙성대역에서 내려 서울대학교 쪽으로 가다 보면 고려 시대의 명장, 강감찬 장군의 출생지인 낙성대가 있어요. 강감찬 장군이 태어난 날에 문곡성이라는 큰 별이 떨어져 '낙성대(落星垈)'라는 이름을 얻었다고 해요. 이곳을 인헌동이라고 하는데, 강감찬 장군이 1031년 세상을 떠나자 나라에서 '인헌(仁憲)'이라는 시호*를 내려 인헌동이라는 이름이 붙었어요. 근처에 은천동도 있는데, 이는 장군의 어릴 때 이름을 딴 동네 이름이에요.

낙성대 삼층 석탑
출처 [서울연구데이터서비스],[서울연구원(https://www.si.re.kr)]

낙성대는 1964년, 고려 백성이 강감찬 장군의 공적을 기리며 강감찬 장군의 생가터에 세운 석탑을 보수 공사하며 세상에 널리 알려지게 되었어요. '강감찬 낙성대'라고 새겨진 이 석탑은 사리탑식의 삼층 석탑으로 고려 시대에 세워졌어요. 1972년에는 서울특별시 유형 문화유산으로 지정되었죠.

1974년 6월 10일에 강감찬 장군의 사당인 안국사(安國祠)를 완공하면서 이 삼층 석탑을 옮겨 왔어요. 원래 지금의 위치에서 100여 미터 정도 아래에 있는 장군의 출생지에 있었지만, 대대적으로 보수 정화 공사를 하면서 지금의 위치로 옮겨 온

* 시호 왕이나 사대부들이 죽은 뒤에 그 공덕을 칭송하여 붙인 이름

것이에요. 석탑이 있던 원래 자리에는 강감찬 장군이 태어난 곳을 증명하는 유허비를 세웠어요.

낙성대의 정문인 외삼문과 내삼문을 들어서면 강감찬 장군의 사당인 안국사가 있어요. 우리나라에서 가장 오래된 건물 중 하나인 영주 부석사 무량수전을 본떠서 지었다고 해요. 안국사란 이름은 강감찬 장군이 거란의 침입으로부터 나라와 백성들을 편안하게 해 주었다는 뜻에서 내려진 '안국 공신'에서 따온 말이에요.

낙성대에는 장군이 태어날 때의 일화도 나와 있어요. 어느 날 밤 두 명의 관리가 길을 걷다가 갑자기 큰 별이 어느 집에 떨어지는 것을 보고는 집을 찾아갔어요. 마침 그 집 부인이 아기를 낳았는데 그가 곧 강감찬이었으며, 후에 중국 송나라 사신

안국사 전경

이 와서 만나 보고는 강감찬이 문곡성의 화신임을 확인했다는 이야기예요. 북두칠성의 네 번째 별인 문곡성은 학문을 담당한 것으로 알려졌어요. 강감찬 장군이 학문을 좋아하고 문장력도 뛰어나서 그를 존경했던 사람들이 만들어 낸 전설일 것이라 추측하고 있어요. 장군을 정신적 지주로 삼고, 존경하고자 했던 백성들의 마음을 알 수 있어요.

강감찬 장군의 생가터는 알려져 있었으나, 장군의 묘지가 어디에 있는지는 도무지 알 수 없었어요. 묘지를 찾는 작업은 후손들에 의해 계속 이어졌지요. 그리고 1963년에 장군의 29대손인 강우근씨 형제가 충청북도 청원군 옥산면 국사리에서 묘지석을 발견했어요. 다음 해 12월에 분묘를 만들고 1967년에 추모비를 세웠어요.

🚇 지하철 타고 만나는 인물 이야기

강감찬 948~1031

어릴 때 이름은 은천이에요. 강감찬은 키가 아주 작고, 천연두를 앓아 얼굴에 흉터가 있었어요. 하지만 어려서부터 학문을 좋아하고 무예가 뛰어나 언제나 동네 아이들을 이끌며 놀았어요. 강감찬은 임금 앞에서 시험을 보아 장원 급제하였고, 오늘날의 외무부와 교육과학기술부의 일을 맡아 보는 예부에서 차관급에 해당하는 시랑이 되었어요. 강감찬이 시랑으로 일하던 시기에 고려는 영토 문제로 북쪽의 거란족과 충돌이 많았어요.

993년 거란족이 고려가 자신들을 무시한다며 대군을 이끌고 침략해 왔어요. 이

때 서희가 거란 총사령관인 소손녕을 만나 설득해 물러가게 만들고, 강동 6주까지 획득했어요. 하지만 현종 때 거란족은 다시 침입해 왔고, 강감찬 장군은 현종을 피난시켰어요. 수도인 개경까지 함락당하자 현종은 근신 하공진을 파견해 거란 성왕에게 강화* 의지를 드러냈고, 거란군은 철수했어요. 그동안 북방에 남은 고려의 양규 장군은 공세를 계속하여 거란군에게 큰 피해를 입혔어요.

강감찬의 나이 70세 때, 거란족이 강동 6주의 반환을 요구하며 세 번째로 침입했어요. 강감찬은 총사령관이 되어 부사령관 강민첨과 함께 거란군을 막기 위해 나섰지요. 강감찬은 거란군의 움직임을 미리 알고 흥화진(지금의 의주)에 1만 2,000명의 군사를 산기슭에 배치하고, 큰 새끼줄로 쇠가죽을 꿰어 냇물을 막아 놓

• 강화 싸움을 그치고 평화로운 상태가 됨.

았어요. 그리고 적들이 냇물을 건널 즈음에 막아 놓았던 물길을 열었어요. 거센 물길에 거란군은 우왕좌왕하였고 고려 군사들은 사기가 올라 적을 물리쳐 큰 타격을 입혔어요. 그러자 거란군 총대장인 소배압은 고려군과의 정면 싸움을 피하고 산속으로 이동해 개경으로 향했어요.

현종은 개경 근처에 사는 백성들을 모두 성안으로 들이고, 적군들이 쓸 만한 집과 식량을 모두 불태워 없애는 '청야 작전'을 폈어요. 이 때문에 거란군은 추위와 굶주림으로 철수할 수밖에 없었어요. 강감찬은 거란군의 퇴로인 귀주에서 기다리고 있다가 귀주 평원에서 마지막 전투를 벌였어요. 양쪽이 팽팽하게 맞붙으며 승패가 쉽게 날 것 같지 않았어요. 그때 거센 바람이 갑자기 거란군 쪽을 향해 불기 시작했어요. 고려군은 바람길을 따라 마구 화살을 쏘았어요. 거란군은 도망가기 급급했죠. 압록강을 건너 살아 돌아간 거란군은 수천 명에 불과했으며, 소배압조차도 갑옷, 투구, 병장기, 말, 낙타까지 모두 버리며 도망쳤어요. 강감찬 장군의 완벽한 승리였죠. 이 전투가 바로 귀주 대첩이에요.

강감찬은 여러 차례 거란족을 물리치면서 일찍이 북방 민족의 침입에 대비하기 위해서는 개경 주위에 외성을 쌓아야 한다고 생각했어요. 강감찬의 건의를 받은 현종은 왕가도를 시켜 전체 둘레만 16킬로미터에 이르는 외성을 지었어요. 현종이 즉위한 1009년에 시작해 1029년까지 21년에 걸쳐 완공했어요. 개경이 내성과 외성을 갖추면서 고려의 국방은 더욱 튼튼해졌어요.

심곡 서원

사육신 역사 공원

덕수궁 중명전

창경궁 문정전

제신 기념관

경복궁 건청궁

서울 시립 미술관(서소문 본관)

배재 학당 역사 박물관

구러시아 공사관

삼전도비

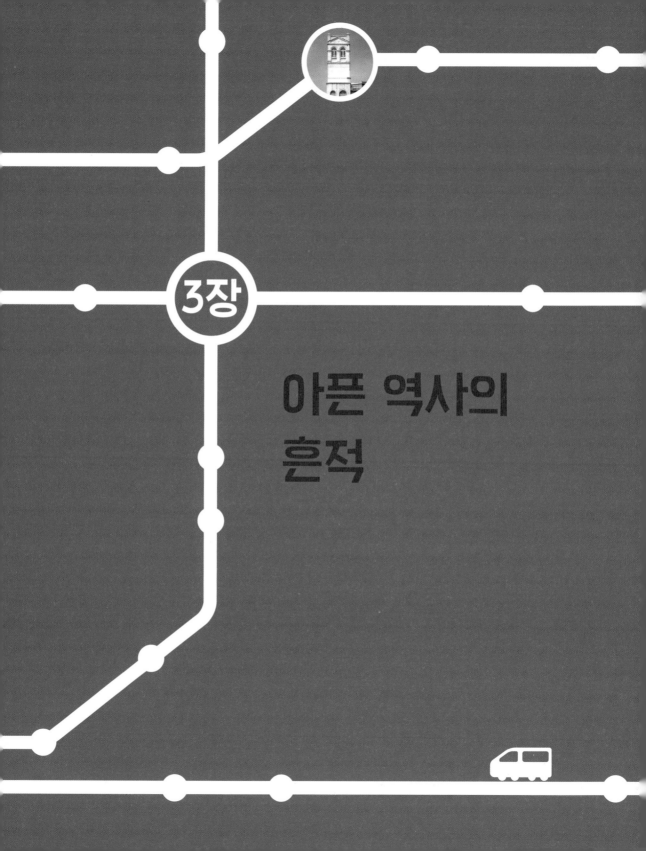

3장

아픈 역사의 흔적

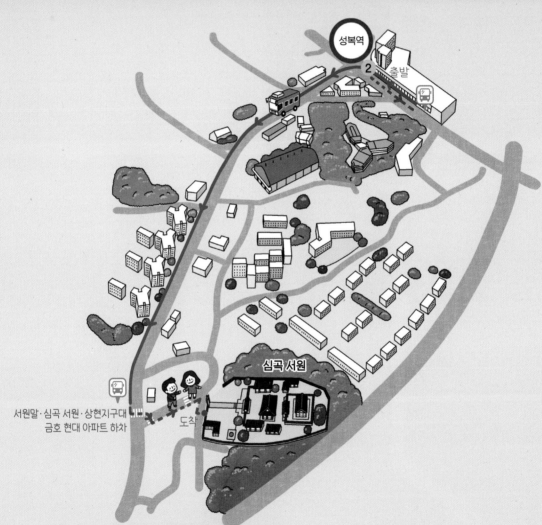

가 는 방 법 — **신분당선** 성복역

성복역 2번 출구를 나와 직진하면 버스 정류장이 나와요. 여기서 720-3번 버스를 탄 다음, '서원말, 심곡 서원'에서 하차해요. 버스가 가던 방향으로 조금 걸으면 횡단보도가 나와요. 횡단보도를 건넌 뒤 오른쪽에 있는 횡단보도를 한 번 더 건너요. 그리고 왼쪽 길을 향해 쭉 직진한 뒤 모퉁이에서 꺾어 계속 걸으면 심곡 서원 입구가 보여요.

심곡 서원

출처 [심곡 서원 전경], [한국민족문화대백과사전]

심곡 서원은 조광조 후손들과 유림들이 조광조의 학덕과 충절을 기리기 위해 세운 서원이에요. 조광조 묘가 있는 용인에 서원을 세우고 그의 위패*를 모셨죠. 효종은 '심곡(深谷)'이라는 이름이 적힌 액자와 토지, 노비 등을 하사했어요. 이후에 조광조의 시신을 수습해 이곳에 모신 학포 양팽손의 위패가 더해졌어요. 심곡 서원은 흥선 대원군이 서원 철폐령을 내렸을 때에도 살아남은 47개의 서원 중 한곳이에요.

심곡 서원은 우리나라 서원의 전형적인 모습을 보여 주고 있어요. 홍살문을 시작으로 외삼문, 강당, 내삼문, 사우(사당)가 일직선으로 배치돼 있거든요.

• 위패 죽은 사람의 인적 사항을 적어 그의 혼을 대신하는 상징물

심곡 서원의 중심은 강당이에요. 원래 일소당(日昭堂)으로 불렸던 강당은 오늘날로 말하면 교실이에요. 이곳에 '일소'라는 이름이 붙은 것은 조광조가 중종으로부터 사약을 받고 지은 시에서 유래해요.

백일임하토 白日臨下土   하늘이 이 땅을 굽어보시니,

소소조단충 昭昭照丹衷   내 일편단심 충심을 밝게 비추리

조광조의 올곧은 충심을 엿볼 수 있는 시지요. 일소당은 이 시에서 한 자씩을 따와 지어진 이름이에요.

서원에 다니는 유생들은 기숙사에서 생활했어요. 나이 많은 유생들이 머무는 동쪽 기숙사를 '거인재(居仁齋)'라고 불렀는데, 인자함이 있는 곳이라는 뜻이에요. 나이 어린 유생들이 머무는 서쪽 기숙사는 '유의재(遊義齋)'라고 해서, 의로움이 쉬는 곳이라는 뜻을 갖고 있죠. 선배에게는 너그러운 태도를, 후배에게는 올곧은 마음가짐을 강조했어요.

서원 안에는 사적과 책을 보관하는 장서각이 있는데, 1985년 도난당해 지금은 얼마 남아 있지 않아 안타까움이 커요. 또한 서원 안에는 조광조가 직접 심은 것으로 전해지는 500여 년 된 느티나무가 서원을 지켜보고 있어요. 넉넉한 품으로 서원을 내려다보면서 공부에 게으른 학생들에게 왜 공부를 해야 하는지 자상하게 설명하는 듯해요.

🚇 지하철 타고 만나는 인물 이야기

조광조 1482~1519

조광조는 조선 중종 때 정치가로, 왕도 정치에 의한 이상적인 유교 정치를 꿈꾸었어요. 하지만 너무 급진적인 개혁을 한 탓에 거센 반발을 받아 결국 실패하고 말았죠. 훗날 그의 사상은 이황, 이이를 비롯한 유학자들에게 큰 영향을 주었어요.

조광조는 어릴 때부터 사람들의 눈길을 끌 정도로 빼어나게 잘생긴 데다 글 읽기도 즐겼어요. 그러다가 17세 무렵에 이름난 성리학자인 김굉필을 만나 학문의 깊이를 더하게 되었지요. 중종 때 과거에 급제하여 벼슬길에 올랐는데, 홍문관 시절에는 임금 앞에서 직접 강의하기도 했어요.

조광조는 사람들의 의견을 두루 들으며 대세를 이끌어 가는 능력이 남달랐고, 윗사람이라도 잘못이 있으면 짚고 넘어가는 곧은 성격이었어요. 특히 중종의 신임과 적극적인 지원을 바탕으로 많은 개혁 정책을 이끌어 나갔는데, 모두 백성을 바탕으로 하는 정치, 백성을 위하는 정치인 왕도 정치를 펴기 위한 것이었어요.

조광조는 소격서를 없앨 것을 강력하게 건의했어요. 소격서는 조선 시대에 도교 의식을 행했던 관서예요. 당나라에서 온 도교는 우리나라 민속 신앙과 결합하면서 매우 빠르게 백성들의 삶에 영향을 미쳤어요. 신선 사상을 바탕으로 자연 속에서 몸과 마음을 닦는 평안한 삶을 강조했죠. 하지만 나라를 다스리는 근본 사상으로 성리학을 받들었던 조광조와 유신*들은 도교를 배척하고 소격서 폐지를 위해 사직

● 유신 유학을 공부한 관리

까지 무릅쓰고 반대했어요. 결국 중종은 조광조의 뜻에 따라 소격서 폐지를 명해요.

또 권력을 틀어쥔 채 자기 잇속만 차리는 훈구파들이 누리던 지나친 특권을 제한했어요. 대표적인 것이 현량과 제도예요. 시를 잘 짓거나 유교 경전을 잘 해석하는 관리가 아닌, 실제로 정치를 잘할 관리를 뽑기 위해 현실 문제와 그 대책을 말해 보게 한 관리 등용 제도였어요. 지금으로 따지면 왕 앞에서 면접을 치르는 거죠. 또 예법을 중요하게 여겨 덕이 있는 사람을 뽑을 것을 강조했지요. 그 결과 중앙과 지방 관청에서 추천받은 120명이 임금 앞에서 '대책' 시험을 치렀어요. 나랏일을 어떻게 해결할지 방법을 내놓는 시험이었죠. 28명이 합격했으나, 훈구파의 강한 반발에 부딪혀 큰 활약을 하지 못했어요.

조광조는 백성을 어질고 너그럽게 다스리면서, 무엇보다도 유교로써 다스리고 가르쳐야 한다고 생각했어요. 그래서 유교적인 도덕을 널리 퍼트리기 위해 향약을 도입하고자 했죠. 향약은 마을 사람들이 모두 지켜야 하는 성리학적 규범이에요. 예컨대 죽은 사람의 장례를 서로 도와주고 농사일을 품앗이하는 것, 규범에 따르지 않은 자를 벌하고 마을에서 쫓아내는 것 모두 향약 안에 포함되는 규범이에요. 조광조는 중국의 유학자가 만든 여씨 향약을 우리나라에 적용해서 전국에 실시할 것을 건의했지만 조광조의 죽음으로 제대로 성과를 거두지는 못했어요.

왕도정치

인과 덕으로
백성들을
다스리셔야 합니다.

← 사육신 역사 공원 →

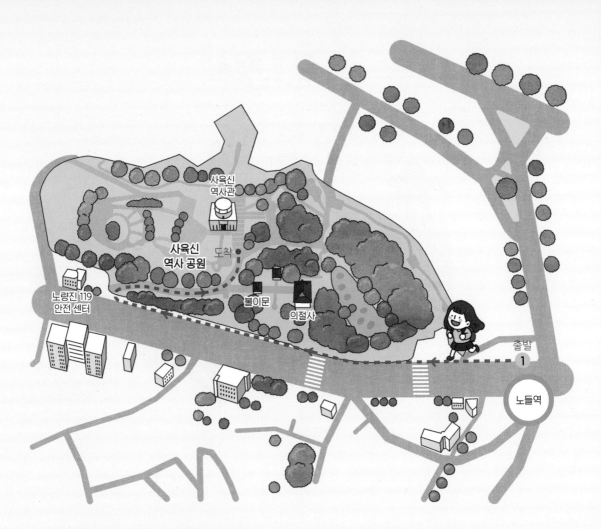

가 는 방 법 ── 9 **노들역**

노들역 1번 출구로 나와서 길을 따라 계속 걸어요. 걷다 보면 오른편 앞쪽으로 노량진 119 안전 센터가 보일 거예요. 노량진 119 안전 센터를 지나치지 않고 그 상태에서 오른쪽을 보면, 사육신 역사 공원으로 올라가는 길이 보일 거예요. 그 길을 따라 올라가면 사육신 역사 공원이 나와요.

　사육신 역사 공원은 작은아버지 세조(조선 7대 왕)에 의해 왕의 자리에서 물러나게 된 단종(조선 6대 왕)을 다시 왕의 자리에 앉히기 위한 계획을 세우다가 죽음을 당한 여섯 명의 충신을 기리기 위해 지어졌어요. 여섯 명의 충신은 성삼문, 박팽년, 이개, 하위지, 유응부, 유성원이에요. 이들을 가리켜 죽을 사(死) 자에, 여섯 육(六), 신하 신(臣) 자를 써서 '사육신'이라고 부르지요.

　사육신 역사 공원 안쪽으로 들어가면 불이문(不二門)이라는 문이 있어요. '두 임금을 섬기지 않겠다.'라는 의미를 담고 있지요. 단종만을 임금으로 섬기고 세조는 임금으로 섬기지 않겠다는 사육신의 충심을 나타낸 거예요.

　불이문을 지나면 의절사라는 사당이 있고, 그 뒤편으로는 사육신 묘가 모셔져

의절사

있어요. 의절사는 사육신을 추모하고 제사를 지내기 위한 공간이지요. 의절사에는 7개의 위패를 모시고 있어요. 여섯 명의 충신이라고 했는데 위패는 왜 7개일까요? 1977년에 조선 시대 문신인 김문기도 사육신에 해당한다는 주장이 나왔어요. 논의 끝에 국사 편찬 위원회가 김문기의 자격을 인정하면서 함께 위패를 모시게 되었지요.

사육신에 대해 더 알고 싶다면, 사육신 역사 공원 안쪽에 위치한 사육신 역사관을 방문하면 되어요.

tip 생육신

사육신 외에도 세조에게 반대하고 벼슬에서 물러나 절개를 지킨 신하들이 있어요. 김시습, 원호, 이맹전, 조려, 성담수, 남효온 이 여섯 신하를 일컬어 '생육신'이라고 해요. 중종이 즉위한 후에 그들의 정신을 이어받은 사림파가 집권하면서 생육신의 절개가 새롭게 평가받았어요. 그들의 희생을 기리며 새 이름을 내려 주었지요.

🚇 지하철 타고 만나는 인물 이야기

성삼문 1418~1456

성삼문이 태어날 때 허공에서 "낳았느냐?" 하는 소리가 세 번이나 들려와 이름을 석 삼(三) 자에, 물을 문(問) 자를 써서 지었다고 전해져요. 성삼문은 스스로 '매죽헌'이라는 호를 지었는데, 매화와 대나무같이 강직한 군자의 기질을 사랑했기 때문이라고 해요. 그래서인지 성삼문은 옳은 일이라면 반드시 밀고 나가려고 했던 인물이었지요. 집현전 학사와 경연관으로 일하면서 임금에게 자기의 생각을 소신껏 밝히곤 했는데, 특히 세종 대왕은 그런 점을 높이 사 성삼문을 더욱 아끼고 사랑했어요.

성삼문은 세종 대왕이 훈민정음을 만드는 데에도 힘을 더했어요. 정확한 말소리를 연구하기 위해 무려 열세 차례나 명나라에 다녀왔지요. 이후 세종 대왕의 명에 따라 집현전 학사들과 함께 우리나라의 한자음을 바로잡아 표준음을 정리한 《동국정운》을 펴내기도 했어요.

세종 대왕이 세상을 떠나고 그의 맏아들 문종이 조선의 5대 왕이 되지만, 즉위한 지 2년여 만에 병으로 세상을 떠났어요. 그래서 문종의 어린 아들인 단종이 왕위에 오르게 된 거지요. 그러나 왕

성삼문 묘

위를 노리고 있던 단종의 작은아버지인 수양 대군이 난을 일으켜 왕의 자리를 차지해요. 성삼문을 비롯한 박팽년, 하위지 등의 문신들이 단종을 다시 왕으로 세우려고 하였지만, 그 계획이 들키면서 붙잡히고 말아요.

성삼문은 모진 고문을 받으면서도 세조를 '전하'가 아닌 '나리'라고 부르며 자신의 굳은 충심을 내비쳤다고 전해져요. 그렇게 참혹한 고문을 받던 성삼문은 결국 사형을 당하게 되었어요.

← 덕수궁 중명전 →

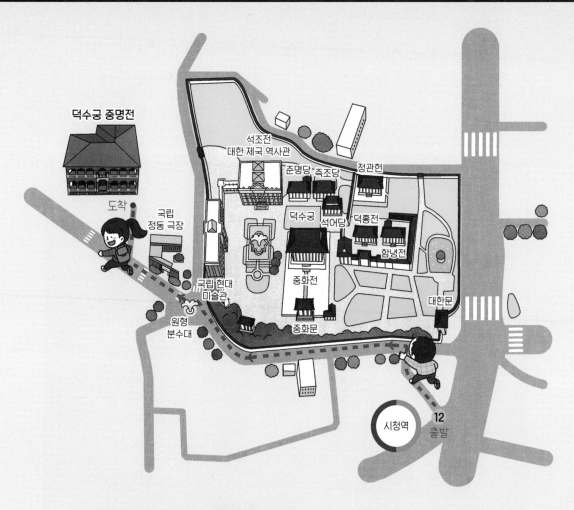

덕수궁 중명전

도착

국립 정동 극장

국립 현대 미술관

원형 분수대

석조전 대한 제국 역사관

준명당·즉조당

정관헌

덕수궁

석어당

덕홍전

함녕전

중화전

대한문

중화문

시청역

12 출발

가는 방법 ① ② 시청역

시청역 12번 출구로 나오면 바로 왼편으로 골목길이 하나 있어요. 그 길을 따라 조금 걸으면 덕수궁 돌
담이 보일 거예요. 왼쪽으로 꺾은 다음 돌담을 따라 쭉 걸어요. 걷다 보면 원형 분수대가 나와요.
분수대 오른편 횡단보도를 건넌 다음 오른편으로 국립 정동 극장이 나올 때까지 계속 직진해요. 국
립 정동 극장을 오른편에 끼고 안쪽 길로 들어가면 덕수궁 중명전 입구가 보일 거예요.

중명전은 황실 도서관으로 지어졌어요. 원래는 수옥헌이라는 이름을 가진 1층 짜리 서양식 건물이었어요.

중명전의 운명은 다사다난해요. 1904년에 덕수궁에 불이 나자 고종은 덕수궁의 별채였던 중명전을 거처로 사용했어요. 이곳에서 외국 귀빈을 만나거나 연회를 열었다고 해요. 또 황태자 순종과 윤비의 가례*가 치러진 화려한 장소였지요.

그러나 중명전은 비운의 장소이기도 해요. 을사늑약이 이곳에서 강제로 체결되

덕수궁 중명전

출처 [국가유산청], [국가유산포털(www.heritage.go.kr)]

●가례 왕의 성혼이나 즉위, 또는 왕세자·왕세손·황태자·황태손의 성혼이나 책봉 따위의 예식

이로써 조약이 체결되었소.

었거든요. 을사늑약은 일본이 러일 전쟁에서 승리한 후에 우리나라를 식민지로 삼기 위해 강제로 맺은 조약이에요. 이 조약으로 일본은 우리나라의 외교권을 빼앗고, 통감부를 설치해 간섭했어요. 일제 강점기에는 일본이 덕수궁을 축소하면서 중명전을 외국인에게 빌려주었어요. 경성 구락부라는 외국인들을 위한 사교장으로 사용했어요. 1925년에는 외벽만 남고 모두 훼손될 정도로 불이 나 또 한 번 고쳐지지요. 이후에도 건물의 용도와 소유자가 계속해서 바뀌는 시련을 겪어요. 그러다 국가유산청이 민간 소유의 중명전을 인수하고 대한 제국 당시의 모습으로 복원하면서 오늘날의 모습에 이르게 되었답니다.

🚇 지하철 타고 만나는 인물 이야기

이완용 1858~1926

이완용은 고종 때 벼슬길에 나서 왕세자(조선 27대왕 순종)의 교육을 맡은 데 이어 서른여덟 살에는 오늘날 교육부 장관에 해당하는 학부대신이 되었어요. 학부대신을 지내며 최초로 근대적인 초등 교육을 의무화하고, 교사들을 길러 내 우리나라 교육사에 큰 이바지를 했어요.

하지만 일본에 현혹되면서 그들과 협력하게 되지요. 이완용은 을사늑약을 주도하고, 이토 히로부미의 지시를 받아 고종에게 퇴위를 강요하였어요. 그뿐만이 아니라 고종 이후 순종이 왕이 되자 일제의 통감부가 내정을 간섭하겠다는 내용을 담은 정미칠조약을 맺게 하고, 우리나라 군대도 해산시켜 버려요.

결국 1910년, 한일 병합 조약에 따라 우리나라는 일본의 식민지가 되어요. 1919년에 3·1 운동이 일어나자 이완용은 〈매일신보〉에 독립 투쟁을 비난하고, 식민 정책에 협력하는 등 평생을 일본의 앞잡이 노릇을 하며 살았다고 해요.

← 창경궁 문정전 →

가 는 방 법 ──④ 혜화역

혜화역 2번 출구로 나오면 버스 정류장이 있어요. 이곳에서 30번 버스를 타고 '창경궁, 서울 대학교 병원'에서 내려요. 버스가 가는 방향으로 조금만 걸으면 오른편으로 창경궁의 정문인 홍화문이 나와요. 홍화문으로 들어가 직진하면 명정전이 나오고, 그 왼편으로 문정전이 있어요. 4번 출구로 나와 걸어가는 방법도 있어요.

창경궁 문정전

출처 [국가유산청], [국가유산포털(www.heritage.go.kr)]

창경궁 안쪽으로 들어가다 보면 문정전이라는 건물을 볼 수 있어요. 문정전은 임금이 신하들과 함께 의견을 나누는 어전 회의를 열며 정사를 돌보았던 곳이에요. 왕실의 신주◦를 모시는 혼전으로 쓰이기도 했어요. 영조의 아들이자 정조의 아버지인 사도 세자가 뒤주◦에 갇혀 죽은 비극적인 역사의 현장이기도 하지요.

문정전은 임진왜란 때 소실되었다가 다시 지어졌어요. 1909년에는 일본에 의해

● 신주 죽은 사람의 위패
● 뒤주 쌀 따위의 곡식을 담아 두는 세간의 하나

창경궁이 동물원과 식물원으로 바뀌게 되는 수난을 겪어요. 일제 강점기의 흔적을 없애기 위해 1984년부터 복원 작업이 시작되었고, 1986년 현재의 모습을 갖추게 되었어요.

tip 아버지의 사랑을 받았던 사도 세자가 죽은 이유

영조는 늦은 나이에 얻은 사도 세자를 무척이나 아꼈어요. 그리고 총애하는 만큼 아들이 완벽하기를 바랐지요. 그러나 커 가면서 공부보다 무예에 더 관심을 보이는 사도 세자를 못마땅하게 여겼고, 사도 세자가 작은 실수라도 하면 불같이 화를 내기도 했지요. 그렇게 부자간의 관계가 조금씩 멀어져 갔어요.

게다가 붕당 정치(관료들이 집단을 이루어 서로 비판하고 견제하면서 행하던 정치)에서 세력을 쥐고 있었던 노론은 소론의 영향을 받은 사도 세자를 견제했어요. 영조에게 사도 세자의 잘못을 과장하여 고자질하면서 영조와 사도 세자 사이를 이간질했지요. 영조는 사도 세자를 휘령전(지금의 문정전)으로 불러 자결을 명했어요. 사도 세자가 자결을 하지 않자 뒤주 속에 가두어 버려요. 그렇게 뒤주에 갇힌 사도 세자는 8일 뒤 세상을 떠나게 된 거예요.

🚇 지하철 타고 만나는 인물 이야기

정조 1752~1800

정조는 사도 세자의 아들이자 영조의 뒤를 이어 왕이 된 인물이에요.

효심이 깊었던 정조는 아버지의 시호를 '장헌'으로 높이고, 아버지의 묘를 수원으로 옮긴 다음 그곳에 화성을 지었어요. 화성이 사도 세자만을 위해 쓰인 것만은 아니에요. 화성에서 새로운 정치를 펼치려 했어요. 성안에 백성들을 거주하게 해서 외세의 침입에 대비하고 백성들이 안전하게 살 수 있도록 했지요. 또한 정조는 아버지의 능으로 성묘 가는 길에 백성들의 억울한 사정을 듣고 직접 문제를 해결해 주기도 했어요.

백성을 위하는 정조의 마음은 이뿐만이 아니에요. 우수한 농사법을 널리 알려서 굶주리는 백성이 없도록 했어요.

수원 화성

출처 [국가유산청], [공공누리(www.kogl.or.kr)]

또한 가혹한 형벌을 금지시키고, 각 지역에 암행어사를 파견하여 백성을 괴롭히는 못된 관리를 처벌했어요. 나아가 법에 따라 공평하게 다스리기 위해 대대로 내려온 법전을 모아 《대전통편》을 펴냈지요.

정조는 왕립 도서관이자 학술과 정책을 연구하는 기관인 규장각도 세웠어요. 그곳에서 임금이 지은 책이나 글, 그림 등을 보관하고 젊은 인재들을 모아 나라에 필요한 연구를 했어요. 이때 신분에 상관없이 재능이 뛰어난 학자들을 등용하여 신분 차별의 벽을 허물었지요.

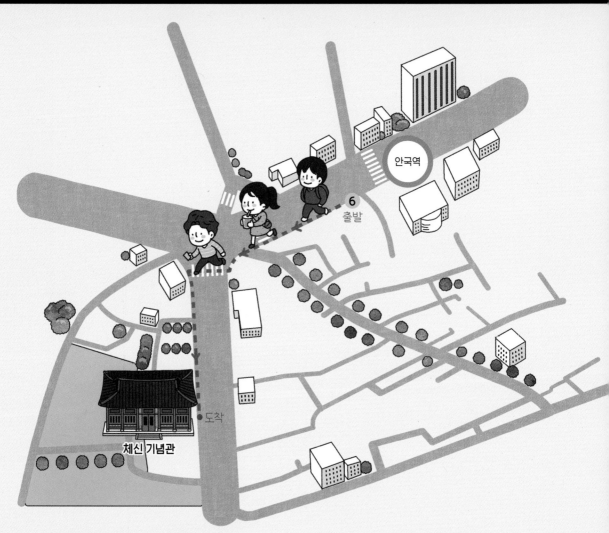

안국역

6
출발

도착

체신 기념관

가 는 방 법 ─ 3 **안국역**

안국역 6번 출구로 나와 계속 걷다 보면 사거리가 나와요. 횡단보도를 건넌 다음 왼쪽으로 꺾어 길을 따라 쭉 걸어요. 그러면 오른편으로 한옥이 하나 나오는데, 그 건물이 바로 체신 기념관이에요.

체신 기념관

1972년에 개관한 체신 기념관은 우리나라 최초 우체국인 우정총국 건물을 새로이 단장한 곳으로 우편 역사와 관련된 중요한 자료들이 전시되어 있었어요. 1985년 천안에 우정 박물관이 개관하면서 체신 기념관에 있던 많은 자료들이 넘어갔지만, 체신 기념관은 건물 자체만으로도 역사적 의미가 있답니다. 바로 조선의 근대화를 시도한 갑신정변이 일어난 장소이기 때문이지요.

조선 시대 개화파 인사 중 한 명이었던 홍영식은 보빙사로서 선진 문물을 배우고자 미국에 다녀왔어요. 그때 조선의 개화를 위해서는 우편에 관한 행정과 통신 기술을 도입해야 한다고 생각했지요. 그래서 귀국 후 고종에게 우정국을 설치해야 한다고 보고하였고, 고종은 1884년 홍영식을 우정국 설립 책임자로 임명해요.

그해 12월 4일, 우정총국 개국을 축하하는 연회가 열렸어요. 김옥균, 박영효, 서재필 등 이른바 개화파들이 연회에 참석해 갑신정변을 일으키지요. 그러나 청나라의 진압으로 개화파들의 혁명은 3일 만에 실패로 돌아가요. 고종은 우정총국을 폐쇄했어요. 그 뒤 우정총국 건물은 한어 학교, 경성 중앙 우체국장의 관사 등으로 쓰여요. 그 후로도 여러 번 용도가 바뀌다가 보수를 거쳐 1972년 체신 기념관으로 문을 열었지요.

tip 집배원 이야기 ▶

1884년 우편 업무 관청인 우정국이 만들어지면서 집배원이라는 직업이 생겼어요. 당시에는 집배원을 체전부, 체부, 체주사 또는 체대감이라고 불렀어요. 집배원의 공식 명칭은 체전부(遞傳夫)였지만, 집배원이 벙거지를 쓰고 다니기에 '벙거지꾼'이라고도 했지요. 갑신정변으로 순식간에 없어진 집배원은 1895년에 실시된 을미개혁으로 우편 제도가 실시되면서 다시 활동하기 시작했어요. 그 당시에는 오늘날처럼 주소 체계가 마련되지 않아서 편지를 잘못 배달하는 경우도 많았다고 해요.

김옥균 1851~1894

김옥균은 어렸을 때부터 학문뿐만 아니라 그림, 음악 등 예술에도 탁월한 감각을 보였어요. 청년기에 박규수를 만나 신학문을 배우면서 개화사상을 갖추게 되었어요. 김옥균은 1872년 과거 시험에서 장원 급제 하여 홍문관 교리가 되었는데, 이 무렵 개화를 꿈꾸는 사람들을 모아 정치적 모임인 개화당을 결성했지요.

김옥균은 일본의 근대화 개혁인 메이지 유신을 지켜보고 돌아와 조선도 스스로 힘을 키워 완전한 독립과 근대화를 이루자는 주장을 폈어요. 그러나 청나라의 간섭과 민씨 일파를 중심으로 한 보수 세력의 반대가 심했지요.

개혁을 위해서는 일본에게 힘을 빌려야 했고, 일본은 군대 지원을 약속해 주었어요. 1884년 12월 4일 김옥균은 박영효, 서재필, 홍영식 등 뜻을 같이한 개화파 사람들과 우정국의 설립을 축하하는 연회에서 갑신정변을 일으켰어요. 그러고는 신분제를 폐지하고 능력에 따라 인재를 뽑을 것, 청나라에 조공을 바치는 일을 그만둘 것, 백성을 괴롭히는 관리를 처벌하고 불필요한 제도를 폐지할 것 등을 주장하는 14개 조의 개혁안을 발표했어요. 하지만 청나라 군대의 개입과 일본의 배신으로 정변은 결국 3일 만에 실패하고 말아요. 정변 실패 이후 김옥균은 일본을 거쳐 중국 상하이로 건너가 망명 생활을 하다가 민씨 일파가 보낸 자객 홍종우에게 암살을 당하면서 생을 마감해요.

tip 갑신정변에 불씨를 붙인 임오군란

1876년 강화도 조약 이후에 조선의 근대화를 위한 정책으로 신식 군대 별기군이 결성되었어요. 그런데 이에 크게 반발한 사건이 일어나요. 바로 임오군란이에요. 조선 정부가 별기군과 구식 군대를 차별하고 구식 군인들에게는 봉급 대신 쌀과 모래 등을 섞은 불량미를 주자 구식 군인들이 반란을 일으킨 사건이지요. 청나라의 힘을 빌려 구식 군대를 진압하는 데는 성공했지만 이 일로 청나라가 조선의 정치에 간섭하게 되었어요. 조선의 근대화를 원하던 사람들은 뜻을 펴기가 어려웠지요. 임오군란은 갑신정변을 일으킨 불씨가 되었답니다.

← 경복궁 건청궁 →

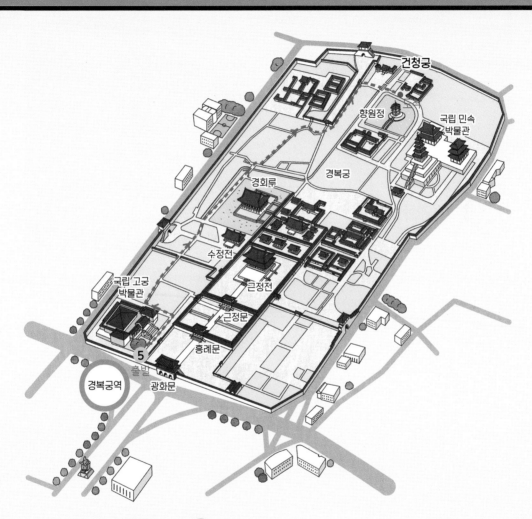

가는 방법 ─ 3 경복궁역

경복궁역 5번 출구로 나와 국립 고궁 박물관을 왼편에 두고 직진해요. 국립 고궁 박물관을 지나 왼쪽으로 꺾어 이정표가 나올 때까지 걸어요. 이정표가 보이면 오른쪽으로 꺾은 다음 길을 따라 한참 걸어요. 그러다 보면 계단 위쪽 문이 보일 거예요. 그 문을 통과해 걷다 보면 오른편으로 또 하나의 문이 나와요. 그 문을 통해 안쪽으로 들어가면 건청궁을 찾을 수 있어요.

경복궁 건청궁 장안당

출처 [국가유산청], [국가유산포털(www.heritage.go.kr)]

　1873년 고종은 아버지인 흥선 대원군의 그늘에서 벗어나 자립의 의지를 보여 주기 위해 직접 자금을 마련하여 경복궁 내에 건청궁을 지었어요. 건청궁은 왕이 사용하는 장안당, 왕비가 머무는 곤녕합, 서재인 관문각 등으로 구성되어 있어요. 고종은 건청궁에 우리나라 최초로 전등을 설치하여 환하게 불을 밝혔어요.

　1895년 건청궁 곤녕합의 남쪽 누각인 옥호루에서 명성 황후가 일본인 자객들에게 살해당하는 을미사변이 일어나요. 고종이 가꾼 안락한 공간이 한순간에 절망의 장소가 되어 버린 거지요.

　이 사건 이후 건청궁은 한동안 방치되었다가 일제 강점기에 철거되고 조선 총독

부 미술관이 들어서게 되어요. 광복 후 국립 현대 미술관으로 사용되었다가 2006
년에 다시 옛 모습대로 복원되었답니다.

tip 한 나라의 왕비 살해 사건, 을미사변

청일 전쟁 이후 명성 황후는 조선 내
세력이 커져 가는 일본을 견제하기 위해서
러시아를 이용하려고 했어요. 당시 내부대
신이었던 친일파 박영효를 물러나게 한 후
이범진과 이완용 등의 친러파를 곁에 두며
친러 정책을 추진했지요. 조선에 대한 주도
권을 빼앗길까 봐 불안했던 일본은 육군 중

옥호루

장 출신의 미우라 고로를 주한 일본 공사에 임명하고 명성 황후를 제거할 계획을 세웠어요.
미우라는 1895년 10월 8일 새벽에 건청궁 내 곤녕합의 옥호루에 쳐들어와 명성 황후
와 궁녀들을 무참히 죽였어요. 게다가 증거를 없애기 위하여 명성 황후의 시신을 불
태워 버리기까지 했지요. 을미년에 일어난 이 끔찍하고 치욕스러운 사건을
'을미사변'이라고 해요.

🚇 지하철 타고 만나는 인물 이야기

우장춘 1898~1959

우장춘의 아버지 우범선은 을미사변 당시 일본군에게 궐문을 열어 줬어요. 우

범선은 을미사변 이후 일본으로 망명해 일본인 여자와 결혼하여 우장춘을 낳았지요. 유전학을 전공하던 우장춘은 오랜 연구 끝에 겹꽃이 피는 피튜니아를 만들고, <종의 합성>이라는 논문을 발표해 세계적인 학자가 되었어요. 이 논문은 현재 존재하는 종들을 합성하여 새로운 종을 만들어 낼 수 있으며, 이는 세포 안의 염색체 수와 관련이 있다는 것을 밝혔어요. 널리 알려진 씨 없는 수박이나 겹꽃을 피우는 피튜니아는 이미 있던 종을 합성시켜 만들어 낸 새로운 종이지요. 이로써 새로운 유전자 연구 분야를 개척했어요.

우장춘은 한국어가 서툴렀지만, 한국식 이름을 고집하고 자신이 한국인이라는 사실을 잊지 않았어요. 1950년에 정부의 초청을 받자, 그는 아버지의 죄를 갚고 조국을 위해 일하고 싶다며 전 재산을 털어 농작물 씨앗과 책을 사서 들어왔어요. 우장춘은 한국 농업 과학 연구소의 소장이 되어 당시 일본에서 수입해 오던 채소 종자를 우리 힘으로 생산하게 하고, 무균 씨감자를 개발해 6·25 전쟁 이후 부족해진 식량 문제를 해결하는 데 크게 기여했어요.

부족한 식량 문제를 해결하려면 우리 땅에 맞는 종자를 개발해야 해.

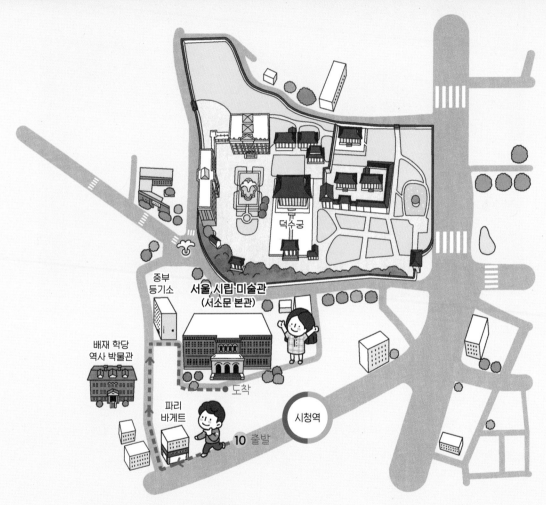

중부
등기소

배재 학당
역사 박물관

서울 시립 미술관
(서소문 본관)

도착

파리
바게트

시청역

10 출발

가 는 방 법 —— 1 2 시청역

시청역 10번 출구로 나와 직진하다 보면 오른편에 파리바게트 빵집이 보일 거예요. 파리바게트 빵집을 오른쪽에 끼고 돌아 계속 직진하면 오른편으로 서울 시립 미술관 표석과 서울 중앙 지방 법원 중부 등기소 표석이 나와요. 그 사이 서울 시립 미술관 주차장 길로 들어가면 서울 시립 미술관 (서소문 본관)이 나와요.

서울 시립 미술관(서소문 본관)

　　서울 근현대사의 기억을 고스란히 간직한 정동 한가운데에 서울 시립 미술관(서소문 본관)이 있어요. 서울 시립 미술관은 우리나라 최초의 근대적 사법 기관인 한성 재판소가 있던 자리에 1928년 경성 재판소로 지어진 건물이에요. 일본이 우리나라를 식민 지배하면서 많은 독립투사들이 억울하게 처벌을 받은 가슴 아픈 장소지요.

　　일제 강점기에 사법 기관 역할을 한 경성 재판소는 해방 이후에도 대법원 청사로 사용되며 70년 넘게 법원 건물로 쓰였어요. 1995년 대법원이 서초동으로 이전하면서 2002년부터 서울 시립 미술관으로 쓰고 있지요. 현재 서울 시립 미술관은 다양한 작품 기획전과 자체적인 교육 강좌를 열면서 우리나라의 미술 문화 발전에 기여하고 있어요.

서울 시립 미술관의 눈에 띄는 특징은 바로 건물 모양이에요. 르네상스 양식을 사용한 옛 대법원 건물의 정문 부분은 남겨 두고 뒷부분은 현대식으로 건축해서 과거와 현대 건축물의 매력을 동시에 느낄 수 있어요. 정문을 지나 전시관으로 들어가기 전, '과거와 현재를 잇는 곳'이라는 의미가 담긴 공간이 있어요. 천장을 유리로 만들어 과거와 현재의 시간대 차이를 빛으로 표현했지요. 이러한 건축적·역사적 가치를 인정받아 서울 시립 미술관의 정문 부분은 2006년 3월에 국가 등록 문화유산으로 지정되었답니다.

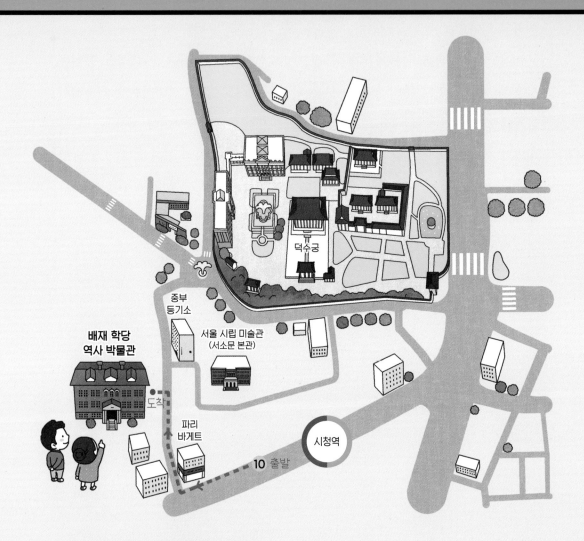

중부
등기소

서울 시립 미술관
(서소문 본관)

배재 학당
역사 박물관

덕수궁

도착

파리
바게트

시청역

10 출발

가 는 방 법 —— 1 2 시청역

시청역 10번 출구로 나와 직진하다 보면 오른편에 파리바게트 빵집이 보일 거예요. 파리바게
트 빵집을 오른쪽에 끼고 돌아 계속 직진하면 왼쪽에 붉은 벽돌로 된 건물이 보이는데, 그곳이 바로
배재 학당 역사 박물관이에요.

배재 학당 역사 박물관은 2008년 배재 학당 동관 건물을 재단장한 곳이에요. 배재 학당의 교육 이념과 역사, 우리나라를 이끈 지도자들의 모습, 초기 기독교 선교사들의 활동 등을 기록한 자료들이 전시되어 있어요.

배재 학당은 1885년 미국 선교사 헨리 게르하르트 아펜젤러가 설립한 근대식 중등 교육 기관이에요. 1886년 고종이 '널리 인재를 길러라.'라는 뜻으로 '배재'라는 학교명을 내려 주었다고 해요. 그 이름 덕분인지 우리나라 초대 대통령인 이승만, 국어학자인 주시경, 우리나라 대표 서정 시인인 김소월 등 한국을 빛낸 인재들을 배출해 냈답니다.

배재 학당 역사 박물관

배재 학당의 옛 교실

배재 학당 역사 박물관은 학예 연구실, 체험 교실, 상설 전시실, 특별 전시실, 기획 전시실 등으로 구성되어 있어요. 체험 교실에는 1930년대 배재 학당의 교실 모습이 재현되어 있어요. 그곳에 있는 돌로 된 칠판과 책상, 의자는 그 당시 사용되었던 거라고 해요. 그리고 상설 전시실에는 고종에게 받은 배재 학당 현판과 개화 운동가 유길준의 친필 서명이 담긴 《서유견문》, 시인 김소월의 시집 《진달래꽃》의 초판본, 학생들이 직접 인쇄하고 사용했던 교과서 등 다양한 자료들을 볼 수 있어요. 또한 배재 학당의 설립자인 선교사 아펜젤러의 일대기와 아펜젤러가 남긴 유품들도 볼 수 있답니다.

🚃 지하철 타고 만나는 인물 이야기

주시경 1876~1914

배재 학당 졸업생 중 한 명인 주시경 선생은 국어학자로 한글을 연구하고 널리 알리는 데 힘쓴 인물이에요. 주시경 선생은 배재 학당을 다니던 중에 교사 서재필의 추천으로 독립신문사의 회계 사무사 겸 교보원● 일을 하게 되어요. 주시경 선생은 〈독립신문〉을 한글로 제작하면서 한글의 표기법 통일이 필요하다고 생각했어

● 교보원 교정 보는 사람

요. 이를 해결하기 위해 '국문 동식회'라는 철자법 연구회를 만들어 표기법 연구에 힘썼어요.

배재 학당을 졸업한 후에도 연구에 열중하고 제자를 가르치며 교사로 활동하였지요. 주시경 선생은 일본의 침략에 대항해 민족정신을 키우려면 우리말을 잘 알아야 한다고 생각했어요. 그래서 애국 계몽 운동의 한 방법으로 우리말의 보급을 위해 여러 활동을 하면서 국어 교육과 발전을 위해 애썼지요. 우리말의 문법을 최초로 정립하고 《대한국어문법》, 《국어문전음학》, 《국문초학》, 《국어문법》 등을 펴냈어요. 이렇게 한글을 이론적으로 정리하면서 우리나라 국어학의 기초를 다졌지요.

← 구러시아 공사관 →

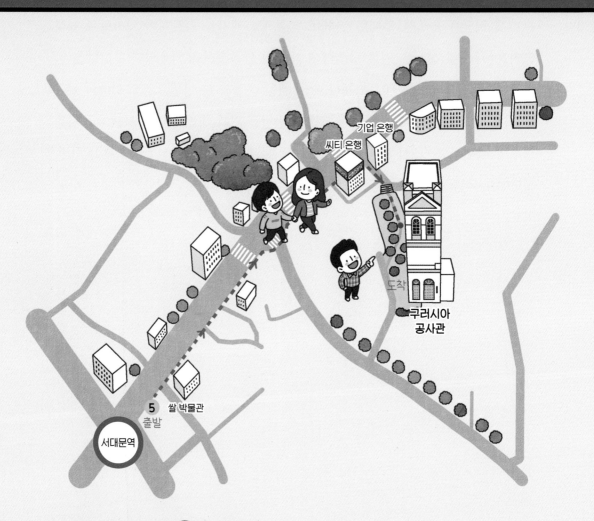

가 는 방 법 — 5 서대문역

서대문역 5번 출구로 나와, 길을 따라 약 10분 정도 걸어요. 그러면 오른편에 한국 씨티 은행과 맞은편에 기업 은행이 보이는데, 그 사이 골목으로 들어가요. 조금 더 걷다 보면 정동 공원으로 들어갈 수 있는 계단이 있어요. 그 계단을 올라가면, 구러시아 공사관이 정동 공원 안쪽에 위치해 있답니다.

구러시아 공사관은 1885년에 짓기 시작하여 1890년에 완공되었어요. 6·25 전쟁으로 불타 훼손된 부분을 1973년에 오늘날처럼 복구했어요.

정동 공원, 구러시아 공사관
출처 [국가유산청], [국가유산포털(www.heritage.go.kr)]

구러시아 공사관은 대한 제국의 슬픔과 개화의 역사를 한 아름 안고 있는 곳이에요. 고종이 일본을 피해 피신했던 아관파천의 역사적 현장이거든요. 그 당시 러시아를 아라사라고 불렀어요. '아관'이란 아라사 공사관의 준말이고, '파천'은 '임금이 궁궐을 떠나서 피하는 일'이라는 뜻이에요. 다시 말해, 아관파천이란 러시아 공사관으로 고종이 피신한 사건을 의미해요.

고종은 왜 궁궐을 떠나 러시아 공사관으로 가게 된 걸까요? 명성 황후는 조선 안에서 일본의 세력이 점차 커지자 러시아의 힘을 빌려 일본을 견제하려고 했어요. 이러한 명성 황후가 눈엣가시처럼 느껴진 일본은 1895년 경복궁을 습격하여 명성 황후를 살해하지요. 고종은 이를 보고 자신도 살해당하지 않을까 두려워했어요. 그래서 왕세자와 함께 일본군 몰래 궁궐을 빠져나와 러시아 공사관으로 피했던 거예요.

그러나 조선 왕실을 보호해 주겠다는 명목으로 러시아는 압록강과 울릉도의 삼림 채벌권, 광산 채굴권 등 이권*을 요구했어요. 러시아에게 많은 이권이 넘어가자, 미국과 일본 등 강대국들은 러시아와 동등한 대우를 할 것을 요구했지요.

세계열강의 간섭이 심해지자, 많은 사람들이 고종에게 다시 궁궐로 돌아와 우리나라의 자주권을 되찾아야 한다고 주장했어요. 고종은 아관파천으로 궁궐을 떠난 지 약 1년 만인 1897년에 경운궁(지금의 덕수궁)으로 돌아와요. 그러고는 나라 이름을 '대한 제국'으로 바꾸고, 황제 즉위식을 치러 이 나라가 자주 독립 국가임을 국내외에 선포하지요.

● 이권 이익을 얻을 수 있는 권리

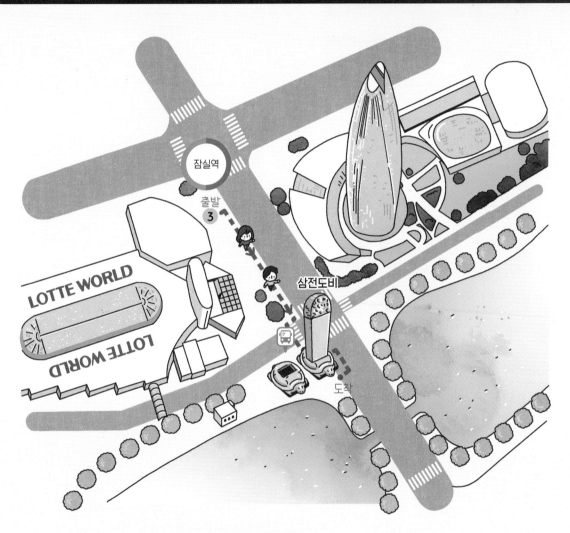

가는방법 ②⑧ 잠실역

잠실역 3번 출구로 나와 쭉 걷다 보면 횡단보도가 나와요. 횡단보도를 건너면 잠실 광역 환승 센터 입구가 보일 거예요. 잠실 광역 환승 센터 입구를 지나면 오른편으로 석촌 호수 입구가 나와요. 입구로 들어가면 삼전도비를 볼 수 있어요.

삼전도비

삼전도비는 전체 높이가 5.7미터의 비석이에요. 거북 모양의 받침돌 위에 글을 새긴 몸돌이 세워져 있고 그 위에는 용 모양을 새긴 머릿돌이 장식되어 있어요. 삼전도비의 본래 이름은 '대청 황제 공덕비'였어요. 청나라 황제의 공덕을 기념하는 비석이라는 의미이지요. 우리나라에 왜 이러한 비석이 세워진 걸까요?

삼전도비가 어떤 사연을 품고 있는지 알려면 우선 조선과 명나라, 그리고 청나라와의 관계를 알아야 해요. 조선의 16대 왕 인조는 외교 정책으로 친명배금 정책을 펼쳤어요. 친명배금이란, 명나라를 가까이하고 청나라(후금)를 멀리한다는 의미예요. 임진왜란 때 명나라는 조선을 도와 왜군을 물리쳐 주었어요. 그래서 조선의 사대부들은 뼛속 깊이 명의 은혜를 새기고 명나라를 숭배했어요. 반면 조선에게 청나라는 이러한 명나라를 중국의 중심부에서 밀어낸 오랑캐에 불과했지요.

그러던 중 청나라가 조선에게 군신 관계를 요구해 왔고, 당연히 조선은 이를 거부했어요. 그러자 청나라가 12만 대군을 이끌고 조선을 침략해 왔어요. 이 사건을 '병자호란'이라고 해요. 인조는 왕실 가족을 먼저 강화도로 피신시키고 자기도 뒤따라가려고 했지만, 청나라 군대들이 한양 가까이까지 밀고 들어와 어쩔 수 없이 남한산성으로 몸을 피했어요. 남한산성에서 45일간 대치하지만 매서운 추위와 부족한 식량 때문에 어려움을 겪었어요. 그리고 강화도가 함락되었다는 소식에 끝내 항복을 결심해요. 인조는 청나라 황제가 있는 삼전도까지 가서 3배 9고두●를 하며 항복을 선언하지요. 청나라 황제는 삼전도에 자신의 공덕을 새긴 기념비를 세우라고 요구했고, 그 결과 삼전도비가 세워진 거예요. 삼전도비에는 이러한 치욕의 역사가 기록되어 있답니다.

● 3배 9고두 한 번 절할 때마다 머리를 세 번 땅에 조아리는 것으로, 세 번 절을 하면서 아홉 번 머리를 조아려야 하는 청의 인사 방식

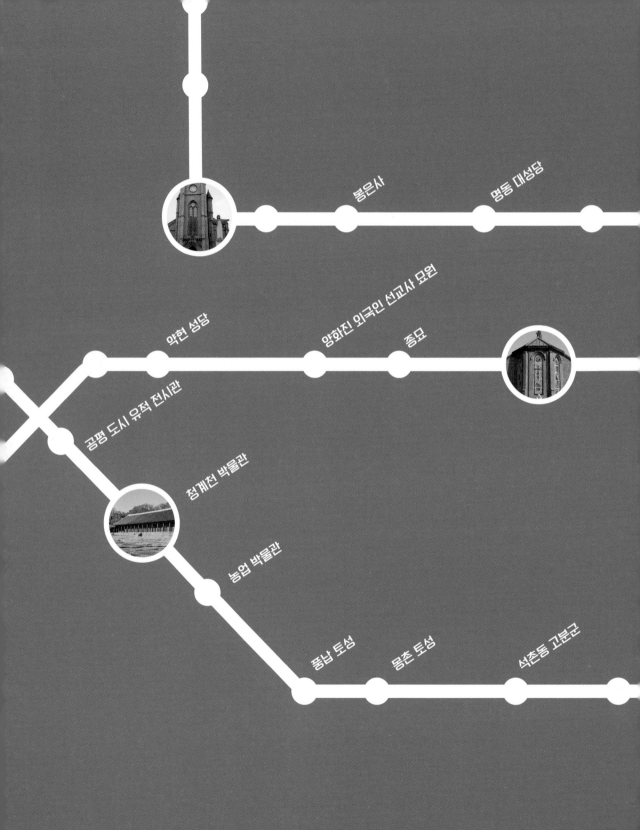

봉은사

명동 대성당

약현 성당

양화진 외국인 선교사 묘원

종묘

공평 도시 유적 전시관

청계천 박물관

농업 박물관

풍납 토성

몽촌 토성

석촌동 고분군

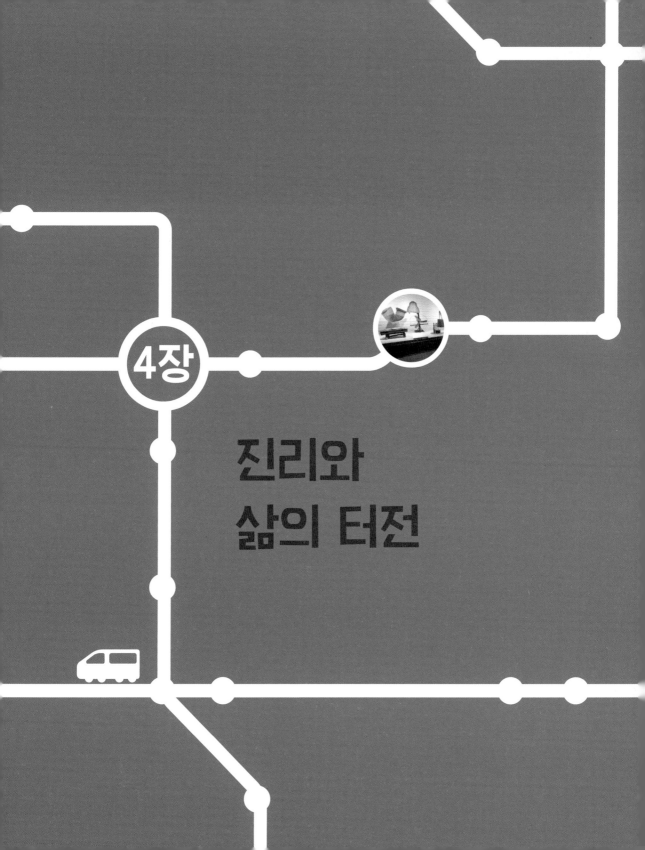

4장

진리와
삶의 터전

9호선

봉은사

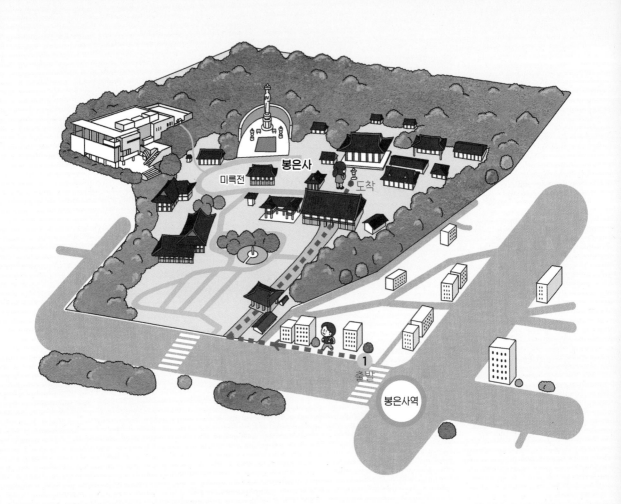

봉은사

미륵전

도착

1
출발

봉은사역

 가 는 방 법 ━ 9 **봉은사역**

봉은사역 1번 출구로 나와서 길을 따라 조금만 걸으면 봉은사 입구를 쉽게 찾을 수 있어요.

봉은사 미륵전

   봉은사는 우리나라에서 가장 큰 불교 종단인 조계종이 직접 관리하는 사찰이에요. 주변이 빌딩으로 둘러싸인 도심 속의 절이지요.

   794년 신라 시대 때 연회 국사라는 승려가 견성사라는 절을 세웠어요. 조선 전기까지 견성사라 불렸지요. 성종의 왕비 정현 왕후가 성종의 능인 선릉의 동쪽에 있던 견성사를 중창*하면서 봉은사라고 이름을 바꾸었어요. 임금의 제사를 모시는 원찰로 지정되었지요. 이후 조선 11대 왕 중종의 왕비인 문정 왕후가 쇠퇴하던 불교를 다시 일으키기 위해 봉은사에 후원을 아끼지 않으면서 조선 시대를 대표하

● 중창 낡은 건물을 헐거나 고쳐서 다시 지음

는 사찰이 되었어요. 임진왜란과 병자호란을 비롯하여 수차례 소실되었다가 복원되는 것을 반복했어요. 1941년부터 도평 주지 스님이 다시 지으면서 오늘날의 모습에 이르게 되었답니다.

봉은사는 임진왜란 때 스님들을 이끌고 왜군을 막았던 서산 대사가 머물렀던 곳으로 알려져 있어요. 또한 보물로 지정된 서울 봉은사 목조 석가여래 삼불 좌상과 조선 최고의 명필가 추사 김정희가 쓴 현판이 있는 곳으로도 유명하지요. 이 현판은 김정희가 세상을 떠나기 전에 쓴 마지막 글씨라고 전해지고 있어요. 이외에도

봉은사는 승려들이 보던 과거 시험인 승과가 치러졌던 선불당을 비롯하여 홍무 25년 장흥사명 동종, 봉은사 사자도와 봉은사 판전 신중도 등 많은 문화유산이 있어요.

봉은사 판전 현판

🚇 지하철 타고 만나는 인물 이야기

서산 대사 1520~1604

조선 초기부터 중기까지 활동한 승려로, 법명은 휴정이에요. 서산 대사는 성균관에서 글과 무예를 익힌 뒤 과거 시험을 보지만 떨어지고 말아요. 이후 지리산에 있는 절에 들어가 지내던 중 영관 대사를 만나 불경을 연구하다가 승려가 되지요.

서산 대사는 공부에 더욱 힘을 기울여 승과에 급제하였고, 여러 승직을 지내며 봉은사의 주지가 되었어요. 그러나 벼슬이 승려의 일이 아니라는 것을 느끼곤 자리에서 물러나 이름난 산들을 두루 돌면서 제자들을 가르치지요.

서산 대사

1592년 임진왜란이 일어나자, 그 당시 왕이었던 선조는 서산 대사에게 사신을 보내 도움을 요청했어요. 서산 대사는 70세가 넘는 나이에도 불구하고 의병을 일으켜 나라를 구하겠다고 아뢰었어요. 서산 대사는 전국에 격문●을 돌려 1,500명의 승려들을 이끌어 평양을 되찾는 데 큰 공을 세웠어요. 이 공로로 선조는 서산 대사에게 최고의 존칭과 정2품 벼슬을 내렸지요. 이후 서산 대사는 묘향산으로 돌아가 여생을 보내요.

●격문 급히 사람들에게 알리려고 각처로 보내는 글

← 명동 대성당 →

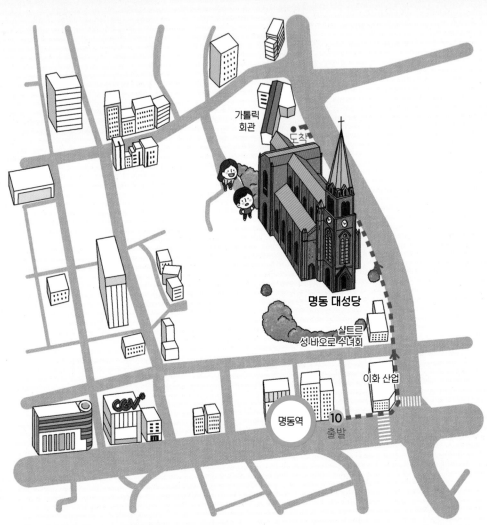

가톨릭
회관

도착

명동 대성당

샬트르
성 바오로 수녀회

이화 산업

명동역

10
출발

가 는 방 법 — 4 명동역

명동역 10번 출구로 나와 직진 후 사거리에서 왼편으로 5분 정도 걸으면 명동 길 표지판이 나와요.
표지판을 따라 왼편으로 걷다 보면 왼쪽에 명동 대성당이 나와요.

명동 대성당은 우리나라의 천주교 역사를 보여 주는 천주교의 상징이랍니다. 천주교는 우리나라에 종교가 아닌 학문으로 먼저 들어왔어요. 그래서 천주교를 '서양 학문', 즉 '서학'이라고 불렀지요. 조선 중기에 명나라에 갔던 사신들이 서양 문물을 들여오면서 중국 서학이 조선에 알려지기 시작했어요. 유학자들은 서학을 학문으로 받아들였지요. 학자 이수광은 일종의 백과사전인 《지봉유설》에 천주교 교리서인 《천주실의》에 대해 언급하기도 했지요.

명동 대성당
출처 [국가유산청], [국가유산포털(www.heritage.go.kr)]

서학이 단순한 학문에서 종교의 의미를 가지게 된 것은 천진암과 주어사라는 사찰에서 진행된 강학회라는 학문 강의 모임을 통해서였어요. 이 모임에 권철신, 정약용, 이벽, 이승훈 등 학자들이 참여했는데 그중 이승훈은 우리나라에서 최초로 세례를 받았다고 알려져 있어요. 이후 천주교는 양반, 천민, 여성 상관없이 모두가 평등하다는 가르침으로 빠르게 퍼져 나갔어요. 하지만 신분 제도가 엄격했던 조선 사회에 위협이 된다고 판단되어 엄청난 탄압을 받았어요.

　이러한 상황이 이어지던 중 프랑스와 1886년 나라 사이에 물품을 사고파는 자유로운 통상 활동을 약속하는 조불 수호 통상 조약을 맺으면서 천주교 박해가 끝나게 되지요. 그 후 명동 대성당은 1898년에 비로소 완공되었어요.

　10여 년이라는 시간 동안 어려운 여건 속에서 지어진 명동 대성당은 고딕 양식 건물로 문화적 가치가 높아요. 명동 대성당 지하 묘역에는 모진 탄압 속에서도 믿음을 지켰던 순교자들의 유해가 모셔져 있답니다.

tip 천주교 서울 대교구 역사관 ▶

명동 대성당 옆쪽에 천주교 서울 대교구 역사관이 있어요. 이곳은 원래 한국 가톨릭 교회의 주교관으로 사용되었던 곳으로, 주교들의 숙소와 업무 공간으로 쓰였지요.

1890년에 건설된 주교관은 새롭게 단장하여 2018년에 천주교 서울 대교구 역사관으로 개관했어요. 우리나라 천주교의 역사를 비롯해 명동 대성당이 처음 들어설 때의 주변 모습과 초기의 명동 대성당의 모습 등을 볼 수 있는 귀중한 자료들이 전시되어 있어요.

명동 대성당과 서울 대교구 역사관 초기 모습

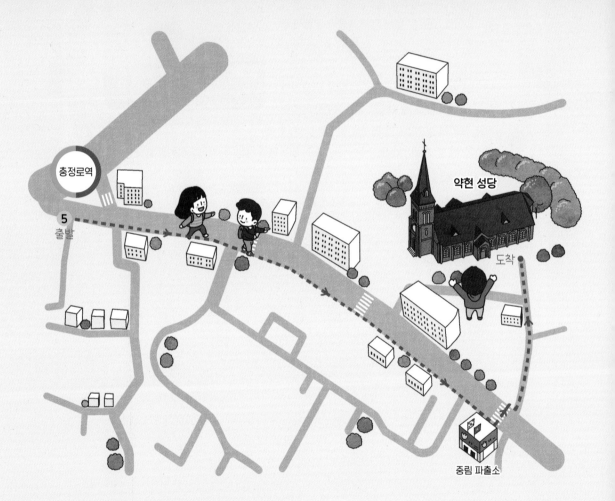

가 는 방 법 ━ 2 5 충정로역

충정로역 5번 출구로 나온 다음 오른편으로 중림 파출소가 나올 때까지 직진해요. 왼편에 있는 횡단보도를 건너면 오른편에 골목길이 있어요. 골목길을 따라 쭉 걷다 보면 약현 성당 후문이 보일 거예요.

약현 성당

사적으로 지정된 약현 성당은 우리나라에 세워진 최초의 서양식 성당이에요. 1900년 이전에 지어진 건축물 중 일본식으로 지은 고딕 양식 건물이 아니라 전통 고딕 양식에 따라 지어졌다는 점에서 중요한 역사적 가치가 있어요. 명동 대성당을 설계한 프랑스 신부인 코스트의 설계로 1891년 건축을 시작하여 1년 만에 완공 되었지요.

약현 성당은 경기도부터 황해도까지 여러 지역에서 선교 활동을 하는 천주교 신

약현 성당 기도 동산 서소문 순교 성지 기념 조형물
출처 [대한민국 역사 박물관], [근현대사 아카이브(archive.much.go.kr)]

자들을 돌보았어요. 우리나라에서 최초로 사제 서품식*이 열린 곳이기도 해요.

1998년 취객이 불을 질러 본당 건물 내부가 완전히 훼손되었다가 이듬해 다시 복원했어요. 2007년에는 중림동 성당이라고 불리던 이름을 중림동 약현 성당으로 바꾸었어요. 2009년에는 한국 가톨릭과 약현 성당의 역사와 관련된 수많은 자료들을 전시하는 서소문 순교 성지 전시관을 열었어요.

tip 약현 성당과 서소문 순교 성지 ▶

약현 성당은 서소문 순교 성지가 내려다보이는 언덕 위에 세워졌어요. 천주교가 박해당하던 시기에 그곳에서 희생당한 순교자들의 넋과 정신을 기리기 위해서지요.
순교자들은 왜 서소문 밖 네거리에서 희생당했을까요? 그곳은 조선 시대 공식 사형 집행장이었다고 해요. 서소문 밖 네거리가 사형 집행장이 된 이유는 사형의 최종 판결을 내리는 형조와 거리가 가깝다는 이유도 있었지만, 사람들이 많이 다니던 칠패 시장이 있었기 때문이었다고 해요. 처벌하는 모습을 많은 사람들이 지켜보게 하며 경각심을 심어 주기 위해서라고 전해진답니다.

• 사제 서품식 주교와 신부를 임명하는 의식

← 양화진 외국인 선교사 묘원 →

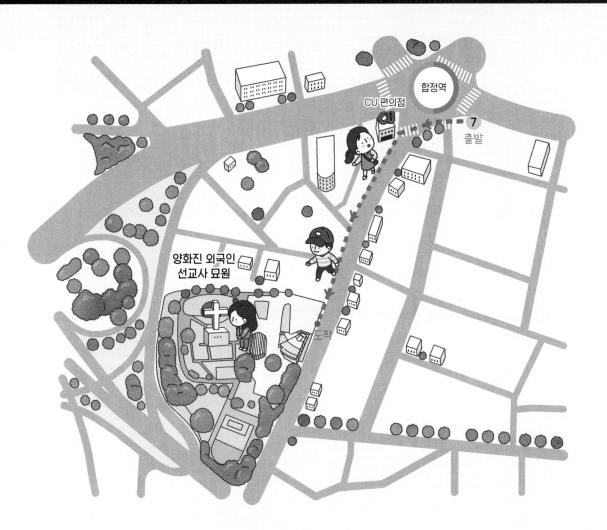

가는 방법 — ② ⑥ 합정역

합정역 7번 출구로 나와서 횡단보도를 두 번 건너면 왼편으로 양화정 정자와 CU 편의점이 보일 거예요. 그 사잇길을 따라 10분 정도 걸어가다 보면 양화진 외국인 선교사 묘원 입구가 나와요.

양화진 옛터

양화진은 조선 시대 한강 5대 나루* 중 하나예요. 이곳에 큰 선박들이 들어와 전국 각지에서 생산된 생산물들을 도성과 궁궐로 보낼 수 있었지요. 이러한 입지 조건 때문에 외적들도 양화진을 통해 쉽게 조선을 침략하곤 했어요. 그래서 조선 21대 왕 영조는 외적을 막기 위해 양화진에 군사들을 배치했어요.

그러다 1866년, 양화진에 프랑스 함대가 쳐들어왔다가 물러나고 이후 강화도를 점령한 사건인 병인양요가 일어났어요. 고종의 아버지인 흥선 대원군이 천주교를 탄압한 것에 대한 보복이었지요. 이 사건으로 흥선 대원군의 천주교 박해는 더 심해졌어요. 서양의 오랑캐들로 더럽혀진 한강을 그들의 피로 씻어 내야 한다며 양화진에서 수많은 천주교 신자들을 처형했지요.

* 나루 강이나 내, 또는 좁은 바닷목에서 배가 건너다니는 일정한 곳

이렇게 외국인에 대한 끔찍한 박해가 일어났던 곳에 어떻게 외국인 선교사들을 위한 묘원이 세워질 수 있었을까요?

1885년 한양에는 최초의 근대 의료 기관인 광혜원이 설립되었어요. 의료 선교사 헤론은 광혜원(후에 제중원으로 개칭)의 2대 원장을 맡으며 환자 진료에 힘썼어요. 그러던 중 헤론은 전염병에 걸려 세상을 떠나게 되지요. 그 당시 외국인 묘지는 제물포에 있었어요. 그러나 헤론이 사망한 시기는 너무 무더워 그곳까지 헤론의 시신을 옮기기 어려웠어요. 헤론의 유족들과 선교사들이 미국 공사를 통해 한양과 가까운 곳에 묘원을 만들어 달라고 요구했어요. 이 일로 양화진에 외국인 묘

양화진 순교자 추념비　　　　출처 [서울의 문화 발전소 홍대 앞], [서울 역사 아카이브(museum.seoul.go.kr)]

원이 자리하기 시작한 거예요. 이후 양화진 외국인 선교사 묘원에 조선 시대 말기부터 일제 강점기에 이르기까지 우리 민족을 위해 일생을 바친 선교사들을 모시게 되었지요.

지하철 타고 만나는 인물 이야기

어니스트 토머스 베델 1872~1909

어니스트 토머스 베델은 영국 출신 기자예요. 영국 신문인 〈데일리 크로니클〉 특파원으로 1904년 러일 전쟁을 취재하기 위해 조선으로 건너왔지요. 이때 베델은 조선에 만행을 저지르는 일본을 목격하게 되고, 이를 전 세계에 알려야겠다고 생각했어요. 그래서 그해 독립운동가 양기탁과 함께 〈대한매일신보〉라는 신문을 창간하여 일제의 침략 행위를 강력하게 비판하고 민족의식을 일깨우는 데에 앞장섰어요.

베델 묘석

그 당시 일본은 조선에서 발행되는 모든 신문들을 검열하며 일본을 비판하는 기사들을 못 쓰게 했어요. 하지만 〈대한매일신보〉는 영국인이 발행하는 신문이라서 일본이 손을 댈 수가 없었어요. 그 덕분에 신문을 순한글판, 국한문 혼용판, 영문판 등 세 종류로 펴내면서 일제의 만행과 의병들의 항일 투쟁을 사실 그대로 보도할 수 있었어요. 〈대한매일신보〉는 일본이 우리나라 국토를 마음대로 개발하려고 요구했던 황무지 개간권과 1905년에 체결된 을사늑약의 부당성을 알리기도 했어요. 애국 계몽 운동가인 장지연이 을사늑약을 비판하고자 〈황성신문〉에 실었던 '시일야방성대곡'이라는 논설을 영어로 번역하여 세계에 알리기도 했지요.

이러한 베델은 일제에게 눈엣가시 같은 존재였어요. 일본은 영국 측에 베델을 추방해 달라고 끈질기게 요구했고, 일본과 동맹 관계에 있었던 영국은 이 요구를 무시하기 어려워 베델을 재판에 넘겼지요.

그렇게 베델은 일본의 압력과 모함에 시달렸지만, 끝까지 〈대한매일신보〉를 지키기 위해 노력했어요. 그러던 중 1909년 5월 1일에 심장병으로 세상을 떠났어요. 그는 '나는 죽을지라도 신보는 영생케 하여 한국 민족을 구하라.'라는 유언을 남겼지요. 많은 이들이 베델의 죽음을 슬퍼하였고, 베델은 양화진 외국인 선교사 묘원에 묻혔어요.

호머 헐버트 1863~1949

호머 헐버트는 우리나라를 사랑한 선교사이자 교육자예요. 1886년 소학교 교사로 초청되어 우리나라 최초의 현대식 학교인 육영 공원에서 영어를 가르쳤어요. 헐버트는 수업을 위해 한글을 배우다가 한글의 우수성에 빠졌어요. '한글은 현존하는 문자 가운데 가장 우수한 문자'라고 칭송했을 뿐 아니라, 우리나라 최초의 한글판 세계 지리 교과서인 《사민필지》를 집필할 정도로 한글을 사랑했어요.

1905년 을사늑약이 체결되면서 일본의 침략이 본격화되자 헐버트는 을사늑약이 무효라는 내용이 담긴 고종의 밀서를 가지고 미국으로 건너갔어요. 미국 국무 장관과 대통령을 만나려고 시도했지만 실패하고 말아요. 다시 조선으로 돌아온 헐버트는 영문 월간지 〈한국평론〉에 일본의 야만적인 탄압 행위를 폭로했어요. 그리고 고종에게 네덜란드 헤이그에서 열리는 제2차 만국 평화 회의에 밀사를 보내도록 건의하였고, 자신이 먼저 헤이그에 가 우리 대표단이 한일 합병의 부당성을 알리는 데에 적극적으로 협력했어요. 헐버트는 일본의 박해로 미국으로 돌아간 뒤에도 강연과 기고를 통해 끊임없이 조선의 독립을 호소하였지요.

대한민국이 수립된 후인 1949년, 헐버트는 정부의 초대를 받고 8·15 광복절 행사에 참석하기 위해 한국을 방문했어요. 하지만 노환과 여독으로 일주일 만에 세상을 떠나게 되지요. 한국 땅에 묻히길 원했던 그의 뜻에 따라 양화진 외국인 선교사 묘원에 모시게 되었답니다.

종묘

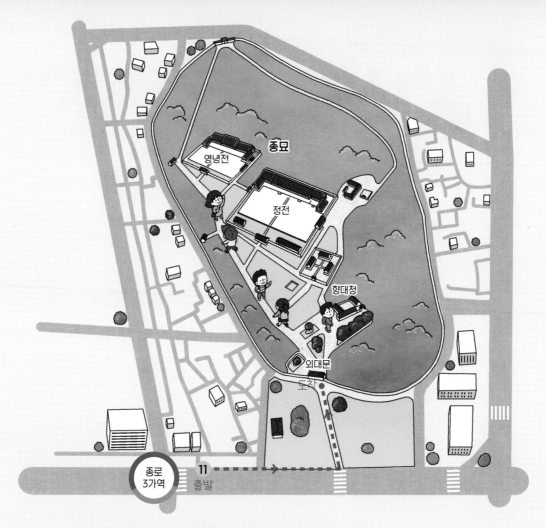

가 ─ 는 ─ 방 ─ 법 ─── 1 3 5 종로3가역

종로3가역 11번 출구로 나와 조금만 걸으면 종묘 입구를 쉽게 찾을 수 있어요.

    종묘는 조선 시대 임금들의 신주를 모셔 놓고 제사를 지내던 왕실의 사당을 말해요. 조선을 건국한 태조는 수도를 한양으로 옮긴 다음, 경복궁을 기준으로 오른쪽에는 사직˙을, 왼쪽에는 종묘를 세웠지요. 임진왜란 때 종묘의 부속 건물인 정전과 영녕전이 불에 타 1608년에 보수되었어요.

    종묘의 정문인 외대문을 지나면 신로가 보여요. 신로는 종묘 제례˙와 같은 의식을 위해 만든 길이에요. 신로는 세 길로 나뉘어요. 가운데 길은 조상들의 혼령이 다니는 신로와 향, 축문, 폐백 등 제사 예물이 오가는 향로를 합쳐 신향로라고 부르고 그 오른쪽 길은 임금이 다니는 어로, 왼쪽 길은 세자가 다니는 세자로라고 부

● **사직** 땅과 곡식의 신에게 제사를 지내는 제단
● **종묘 제례** 종묘에서 거행하는 제향 의식

른답니다.

안쪽으로 더 들어가면, 신주를 모셔
놓은 정전이 있어요. 정전으로 들어가
는 문은 세 곳이에요. 남문은 신주의 주
인인 조상신이 출입하는 문이에요. 동
문은 왕과 세자를 비롯해 제례를 지내

판위대
출처 [국가유산청], [국가유산포털(www.heritage.go.kr)]

는 신하들이 쓰는 문이고 서문은 제례 음악을 담당하는 악공과 무용을 담당하는
무희들이 들어가는 문이지요. 동문 앞에는 판위대라고 하여 사각형 모양의 돌판 2
개가 놓여 있어요. 제사드릴 준비를 마친 임금과 세자가 정전에 들어가기 전에 그
곳에서 예를 갖추고 잠시 기다렸다고 해요.

종묘 정전

출처 [국가유산청], [국가유산포털(www.heritage.go.kr)]

정전은 종묘에서 중심이 되는 건물이자 국보로 지정된 건물이에요. 조선 왕조가 500년 이상 이어지면서 모셔야 할 신주가 점차 많아졌어요. 그래서 신주를 놓을 건물을 더 짓다 보니 지금과 같이 옆으로 긴 형태가 되었지요. 현재 정전에는 왕 열아홉 명과 그의 왕비들 서른 명, 총 49위의 신주가 19감실*로 나뉘어 모셔져 있어요.

종묘 정전 신단 내부
출처 [국가유산청], [국가유산포털(www.heritage.go.kr)]

조선의 왕은 모두 스물일곱 명인데, 나머지 왕의 신주는 어디에 있는 걸까요? 바로 정전 옆에 있는 건물, 영녕전에 있어요. 영녕전은 신주를 정전에서 옮겨 왔다는 뜻에서 조묘라고도 해요. 처음에 한 채만 있던 정전만으로는 신실이 모자라자 세종 대왕 때 정전 옆에 '왕실의 조상과 자손이 함께 길이 평안하라.'라는 뜻을 지닌 영녕전을 세운 거예요. 영녕전의 중앙 4개 신실에는 태조의 4대 조상인 목조, 익조, 도조, 환조와 왕비들의 신주가 모셔져 있어요. 협실*에는 정전에서 옮겨 온 왕과 왕비의 신주가 모셔져 있답니다.

● 감실 사당 안에 신주를 모셔 두는 장
● 협실 주가 되는 방에 곁붙은 방

🚇 1호선

← 공평 도시 유적 전시관 →

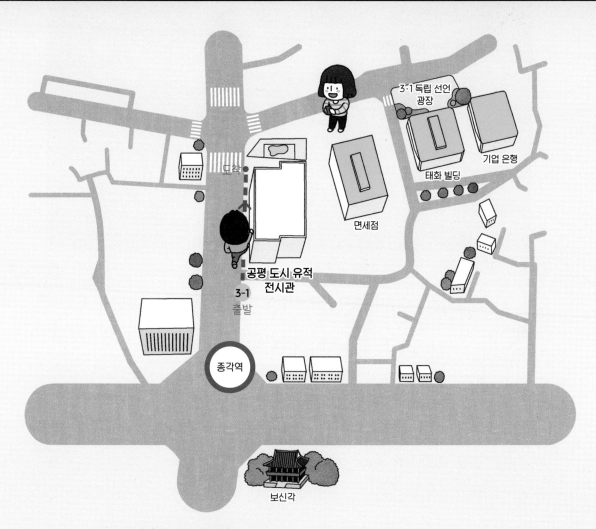

가는 방법 ① 종각역

종각역 3-1번 출구로 나와 직진하면 횡단보도가 하나 나와요. 횡단보도를 건너면 오른편에 바로
센트로폴리스 건물이 있어요. 그 건물 지하 1층에 공평 도시 유적 전시관이 있어요.

공평 도시 유적 전시관

　공평 도시 유적 전시관은 조선 시대 사람들이 살았던 실제 생활 모습을 엿볼 수 있는 곳이에요.

　현재 우리가 딛고 서 있는 땅의 높이는 비가 오면 흙이 밀려오는 등의 이유로 높아졌다고 해요. 그래서 간혹 공사를 위해 땅을 파다가 유물을 발굴하기도 하지요.

　지금 공평 도시 유적 전시관이 세워진 자리에서도 2015년 도시 환경 정비 사업을 추진하는 과정에서 조선 시대부터 일제 강점기에 이르기까지 총 108개 동 건물지, 골목길 등의 유구*와 1,000여 점이 넘는 생활 유물이 발굴되었어요. 이를 보존

* 유구 옛날 토목건축의 구조와 양식을 알 수 있는 실마리가 되는 자취

하기 위해 공평 도시 유적 전시관이 조성된 거지요. 공평 도시 유적 전시관은 발굴된 유적의 원래 위치를 최대한 보존한다는 '공평동 룰'을 적용한 첫 번째 곳이랍니다. 건물의 지하층이 유적 전시관으로 쓰인 대신 건물의 층을 높이 올리게 해 주며 건물주의 부담을 덜어 준 것이지요.

사실 공사 중에 유물이 발굴되면 공사가 중단되거나 늦춰져서 공사하는 사람 입장에서는 엄청난 손해를 입게 되어요. 그래서 발굴하고도 신고를 안 한 채 진행하는 경우도 있다고 하지요. 공평 도시 유적 전시관은 개발과 보존이 공존하는 대표적인 모델이라고 할 수 있어요.

tip 조선 시대의 흥미로운 직업들 ▶

공평 도시 유적지가 있는 곳은 조선 시대에 한양의 최대 번화가이자 시장의 중심지였다고 알려져 있어요. 그래서 공평 도시 유적 전시관은 복잡하고 왁자지껄했던 당시 시장 분위기를 표현하기 위해 전기수, 여리꾼, 순라군 등 조선 시대에 있었던 흥미로운 직업을 가진 인물들을 모형으로 재현해 놓았지요.

전기수는 여러 사람들을 모아 놓고 재미있는 이야기를 전문적으로 해 주는 사람을 말하고, 여리꾼은 물건을 파는 가게로 손님을 끌어모아 주고 수수료를 받아 갔던 일종의 호객꾼이에요. 순라군은 시장에서 일어나는 범죄에 대해 조사하고 예방하는 오늘날의 경찰이라고 할 수 있답니다.

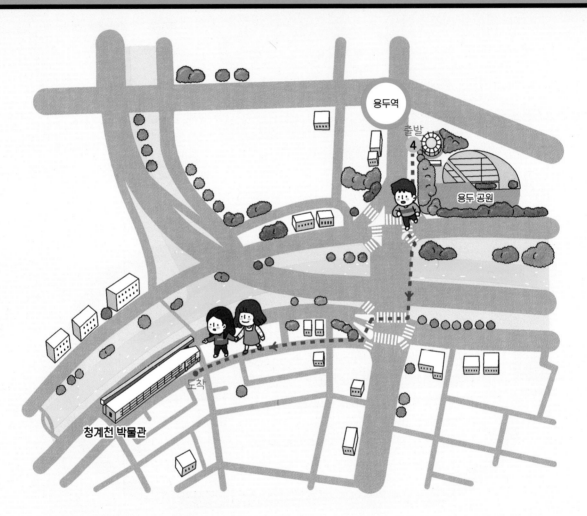

청계천 박물관

← →

가 는 방 법 —— 2 **용두역**

용두역 4번 출구로 나와 쭉 직진하면 연달아 있는 2개의 횡단보도가 보일 거예요. 2개의 횡단보도를 모두 건넌 다음, 큰 사거리가 나올 때까지 직진해요. 걸어온 방향을 기준으로 했을 때 대각선 방향에 있는 길로 가기 위한 횡단보도를 두 번 건너요. 횡단보도를 건넌 후 오른쪽 방향으로 길을 따라 직진하다 보면, 청계천 박물관이 보일 거예요.

원래 '개천'이라고 불렸던 청계천은 조선 시대에 한양에 살던 백성들의 젖줄이었어요. 처음에는 홍수를 막을 수 있는 시설이 없어서 물이 자주 넘쳐 주변에 사는 사람들이 많이 힘들어했다고 해요. 그래서 조선 3대 왕인 태종은 청계천을 관리할 목적으로 개거도감이라는 임시 관청을 설치했어요. 그 후 청계천 주변으로 둑을 쌓고 얕은 곳은 흙을 파내어 물길이 원활하게 흐르게 했지요. 이러한 공사를 '개천 공사'라고 부르는데, 이 공사 후부터 개천이라고 불렀다고 해요.

청계천 박물관 수표

이후에도 청계천 정비는 계속됐어요. 세종 대왕은 물이 넘치는 걸 대비해, 물 높이를 잴 수 있는 수표를 설치했어요. 영조는 구불구불하던 물길을 직선으로 만들고, 개천의 양쪽 기슭에는 버드나무를 심어 비가 많이 와도 제방이 무너지지 않도록 했지요. 일제 강점기부터 개천이라는 이름 대신 청계천이라고 부르기 시작했어요. 이 시기에 제대로 관리가 되지 않고 방치된 청계천은 심하게 오염되었어요. 거기에 한국 전쟁이 발발한 뒤 피난민들이 청계천 주변에 판자촌을 이루며 생활하면서 더욱 빠르게 오염되었지요. 이러한 청계천 문제를 해결하기 위해 정부는 복개● 사업을 추진해 청계천 주변 판자촌을 허물고 도로와 빌딩 등을 지

● 복개 하천에 덮개 구조물을 씌워 겉으로 보이지 않도록 함

서울 시내 청계천 변의 판자촌

었어요. 그러나 시간이 지남에 따라 청계천로와 청계 고가로 등의 구조물들이 낡으면서 공해와 안전 문제 등이 발생했어요. 이를 해결하고 환경친화적인 공간으로 만들기 위해 2003년에 복원 작업을 시작했고 2005년 현재의 모습을 갖추게 되었어요.

청계천 박물관에서는 이러한 청계천의 전체 역사를 한눈에 살펴볼 수 있어요. 청계천이 변화하는 모습을 통해 그 당시 시대상도 확인할 수 있답니다. 청계천 박물관 1층에는 기획 전시실이 있는데, 이곳에서는 청계천 문화와 관련된 다양한 주제의 전시가 열리고 있어요. 그리고 2층부터 4층까지는 상설 전시실로, 1존 개천 시대, 2존 청계천과 청계로, 3존 청계천 복원 사업, 4존 복원 후 등 네 구역으로 나누어 청계천의 어제와 오늘을 볼 수 있지요.

tip 광통교에 얽힌 비화 ▶

청계천에 있는 24개의 다리 중에 종로 네거리에서 남대문으로 가는 길을 잇는 광통교라는 다리가 있는데, 여기에 얽힌 숨겨진 이야기가 있답니다. 태종은 아버지 태조의 계비였던 신덕 왕후의 묘인 정릉에 있었던 석물(무덤 앞에 세우는 돌로 만들어 놓은 여러 가지 물건)들을 가지고 와 광통교를 만드는 데에 사용했어요. 태종은 왜 신덕 왕후 묘에 있던 돌을 사용한 걸까요?

태종은 왕자 시절, 신덕 왕후와 사이가 좋지 않았어요. 왕이 되고 싶었지만 서열상 왕이 되기 어려웠지요. 신덕 왕후의 입김으로 태종의 배다른 동생이자 신덕 왕후의 아들인 방석이 세자가 되자, 태종은 왕자의 난을 일으켜 방석을 제거하고 왕위에 올라요. 그러니 신덕 왕후와 사이가 좋을 수가 없겠지요. 태종은 왕이 되면서 신덕 왕후의 능을 지금의 성북구 쪽으로 옮겨버렸고, 광통교가 무너지자 정릉터에 남아 있던 석물들을 사용했어요. 게다가 광통교 아래쪽을 보면 석물 일부가 거꾸로 되어 있는 걸 볼 수 있는데, 신덕 왕후에 대한 태종의 불편한 감정이 드러난 것이라고 전해지고 있어요.

(좌)광통교 석물 (우)광통교　　　　　출처 [국가유산청], [국가유산포털(www.heritage.go.kr)]

← 농업 박물관 →

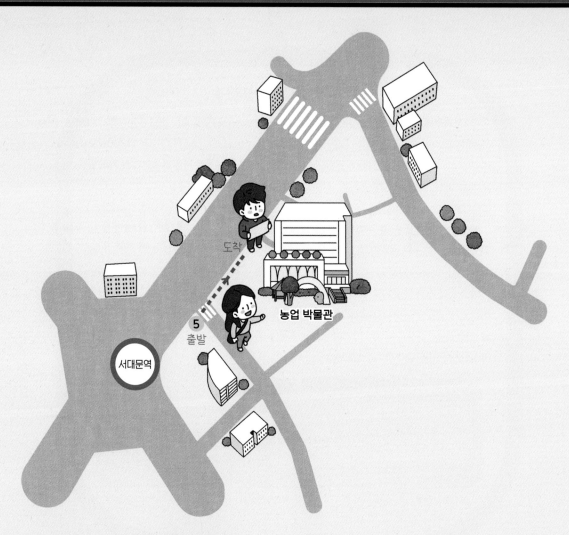

도착

서대문역

5 출발

농업 박물관

가 는 방 법 — 5 서대문역

서대문역 5번 출구로 나오면 바로 앞에 횡단보도가 있어요. 횡단보도를 건너 길을 따라 조금만 걸으면 오른편으로 농업 박물관이 보여요.

농업 협동조합이 운영하는 농업 박물관은 우리나라 농업의 역사를 알려 주는 농업 역사관, 농민들의 생활을 볼 수 있는 농업 생활관, 농업 협동조합의 역사와 우리 농업의 중요성을 알려 주는 농업 홍보관으로 이루어져 있어요.

농업 박물관

우리나라는 농업 분야에서 다섯 번의 큰 변화를 겪었어요. 오늘날 세계적인 농업 기술력을 갖춘 우리나라가 어떤 변화를 겪었는지 살펴볼까요?

먼저, 신석기 혁명이에요. 신석기 시대 이전까지는 먹을 것을 구하기 위해 이동하며 살았어요. 신석기 시대에 농사를 시작하면서 한곳에 머물러 살았지요. 신석기 시대에는 쌀이 아닌 조, 기장, 수수 등을 심었어요. 쌀은 한자로 '米(쌀 미)'라고 써요. 이 글자 안에 八(여덟 팔) 자가 두 번, 十(열 십) 자가 한 번 들어가 있다고 해요. 이는 벼농사를 지을 때 88번의 손이 갈 만큼 쌀을 수확하기가 힘들다는 걸 의미해요. 신석기 시대에는 이렇게 손이 많이 가는 벼농사를 지을 기술은 없었지만 농경이 시작되었다는 것만으로도 큰 의미를 가지지요.

두 번째 혁명은 청동기 시대에 일어나요. 바로 그 어려운 벼농사를 시작한 거예요. 농기구와 농사짓는 기술이 발달하면서 벼농사를 할 수 있게 된 거지요. 이전까지만 해도 음식을 함께 나누어 먹었는데, 이제는 생산물을 저장할 수 있게 되면서 이전에는 없던 '사유 재산'이라는 개념도 생겼어요.

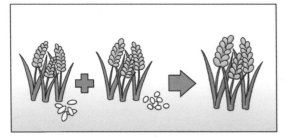

세 번째 변화는 농사에 소를 이용하게 된 거예요. 이를 우경이라고 하는데, 신라 시대 지중왕 때 우경을 시작했다는 기록이 있어요. 씨앗을 심을 때 땅을 깊게 파서 심으면 벼의 뿌리가 땅속에 단단하게 자리 잡고 깊은 곳에 있는 영양분을 받아들일 수 있어요. 이는 곧 수확량 증가에도 영향을 주지요. 그런데 사람이 땅을 깊게 파기에는 어느 정도 한계가 있어요. 이를 극복하기 위해 소를 이용하기 시작했고, 땅을 더 깊게 파게 되면서 농사에 큰 도움이 되었지요.

네 번째 변화는 조선 시대에 전국적으로 보급된 이앙법이에요. 이앙법은 벼의 싹을 못자리에서 키우다가 논으로 옮겨 심는 농사 방법을 말해요. 이앙법이 보급되기 전까지는 사람들이 직접 논에 씨를 뿌렸어요. 그러면 벼의 간격이 일정하지 않게 되지요. 한쪽에는 벼들이

농업 박물관 내부
출처 [대한민국 역사 박물관], [근현대사 아카이브 (archive.much.go.kr)]

빽빽하게 들어서는 반면, 다른 한쪽은 휑할 수도 있는 거예요. 벼가 빽빽하게 들어서면 이삭이 안 생기고, 벼 사이에 자란 잡초들을 뽑아내기가 어려워지면서 벼의 수확량이 줄어들어요. 이러한 문제를 해결하기 위해, 다른 곳에 벼의 씨를 키우다

가 건강한 모를 논에 일정한 간격으로 옮겨 심는 이앙법을 개발해 냈어요. 그 덕분에 이전에 비해 수확량이 크게 늘었답니다.

마지막 다섯 번째 변화는 통일벼의 보급이에요. 이앙법으로 쌀 수확량이 증가했다 하더라도 그 양은 언제나 부족했지요. 그래서 고려 시대나 조선 시대에는 바다를 메워 농사를 짓는 경우도 있었어요. 또 '보릿고개'라고 해서 2월 말부터 보리를 수확하는 6월 초까지 산에 가서 나무뿌리나 풀로 끼니를 때우는 경우가 많았다고 하지요. 이런 문제를 획기적으로 개선한 것이 통일벼예요. 통일벼는 비록 밥맛은 일반 벼보다는 못했지만 다른 벼보다 수확량이 많다는 장점이 있었어요.

농업 박물관에서는 이러한 우리나라의 농업에 관한 역사와 변화를 한눈에 볼 수 있도록 구성해 놓았어요. 실제처럼 꾸며진 논밭의 사계절과 실제로 쓰이던 다양한 농기구를 살펴볼 수 있답니다.

농업 박물관은 농업인들의 기증 유물로 꾸려진 국내 최초의 농업 전문 박물관이에요. 1970년부터 농업에 기계를 사용하면서 전통 농기구들은 방치되고 훼손되었어요. 농협에서는 농업인들의 땀과 애환이 서려 있는 전통 농기구와 생활용품들을 수집했어요. 그러자 전국의 수많은 농업인들이 직접 사용하던 농기구 및 생활용품들을 기꺼이 농협에 기증했지요.

농업 박물관에는 다양한 전시와 교육 체험 프로그램도 풍성하게 마련되어 있답니다. 영상실에는 농업의 역사뿐만 아니라 우리 농산물과 축산물의 우수성을 알리는 다양한 영상물을 상영해요. 관람객들이 흥미와 재미를 느끼며 직접 참여할 수 있는 체험 코너인 체험 마당도 마련되어 있어요. 시각과 촉감을 이용하여 전통 농기구를 찾고 쓰임새를 알아볼 수 있는 게임을 비롯하여 농산물을 사고팔 때 수량을 나타내는 우리말 단위를 맞히는 다양한 코너를 즐길 수 있지요. 또한 우리의 주식인 쌀과 미래형 농업인 스마트 팜에 대해 알아보는 체험 프로그램도 있답니다.

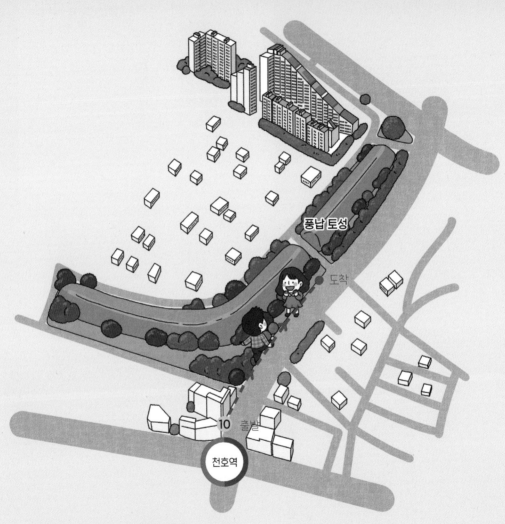

풍납 토성

도착

10 출발

천호역

가 는 방 법 — 5 8 천호역

천호역 10번 출구에서 나와 5분 정도 직진하면 풍납 토성 입구가 나와요.

백제의 수도 한성은 어디에 있을까요? 우리나라는 백제 시대의 수도로 웅진(현 공주)과 사비(현 부여)를 많이 꼽고 있어요. 그러나 백제가 기원전 18년에 건국했다고 보았을 때, 웅진은 475년~538년까지 63년간, 사비는 538년~660년까지 122년간 수도였을 뿐이에요. 678년간 지속된 백제에서 웅진과 사비가 수도 역할을 한 것은 고작 185년에 불과하지요. 나머지 기간 동안 수도 역할을 한 곳은 하남 위례성으로 추측하고 있어요. 하남 위례성이 어디라고 단정적으로 말하기는 어려워요. 그러나 유력하다고 할 수 있는 곳이 바로 서울시 송파구의 풍납 토성과 올림픽 공원에 있는 몽촌 토성이에요. 이곳 근처에 백제 왕족들의 무덤이라고 할 수 있는 석촌동 고분군이 있거든요.

풍납 토성은 이탈리아의 고대 도시인 폼페이와 비교할 수 있어요. 이탈리아 남부에 가면 고대 도시인 폼페이가 있어요. 비옥한 캄파니아 평야의 입구에 위치하

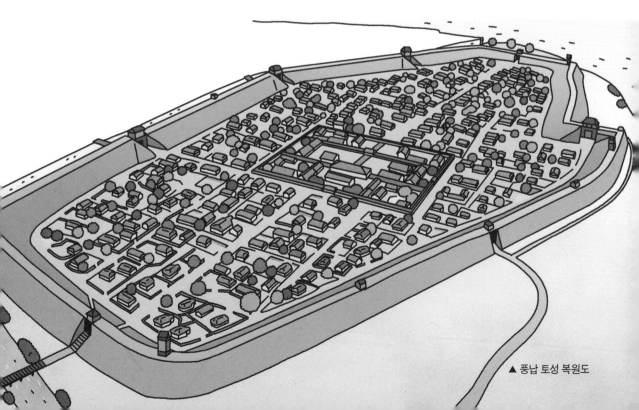

▲ 풍납 토성 복원도

여 농업·상업 중심지로 번창하였으며, 제정 로마 초기에는 곳곳에 로마 귀족들의 별장이 들어서 더위와 추위를 피하는 휴양지로 성황을 이루었어요. 그런데 79년 8월 베수비오산이 폭발하면서 화산재가 시가지를 덮어 버렸어요. 당시의 화산 대폭발로 2,000여 명이 사망했어요. 분화가 멎은 뒤 15세기까지 폼페이의 존재는 잊혀졌어요. 16세기 말부터 소규모 발굴을 시작해 현재는 옛 시가지의 4/5 정도가 발굴되었어요.

풍납 토성도 폼페이처럼 베일에 가려져 있었어요. 베일에 가려졌던 풍납 토성이 모습을 드러낸 것은 1925년의 대홍수로 중국제 자루솥 2점과 금으로 만든 귀고리 등이 발견되면서부터예요. 그러나 사람들은 전혀 신경 쓰지 않았어요. 풍납 토성은 사람들이 밀집하여 살면서 쓰레기장으로 변했고, 그나마 남아 있는 곳은 아파트 재개발 때문에 거의 훼손되다시피 했어요. 사실 풍납 토성은 지상에 나타난 것보다 땅에 묻힌 게 더 많았어요. 이곳 지하 4미터까지 백제 유물이 가득했거든요.

1997년, 이곳에 아파트를 짓기 위해 터 파기 공사를 할 때 백제 시대의 유물들이 지하 2.5~4미터에 걸쳐 광범위하게 나왔어요. 특히 경당연립주택 지구에서 집자리와 제사 관련 대형 건물터가 확인되기도 했어요. 이곳에서는 전돌, 막새기와*, 초대형 항아리, 중국제 도자기와 중국 동전인 오수전, 대부명 항아리 등 500상자 분량이 넘는 유물이 쏟아져 나왔어요. 이곳에 왕궁과 종묘가 있었을 것으로 추정하는 학자도 있어요. 이러한 역사적 가치를 인정해 풍납 토성의 외곽 성벽은 1963년 사적으로 지정되었어요.

• 막새기와 기와지붕의 처마 끝을 막는 기와

지금 사적으로 지정된 성의 면적만 해도 40만 제곱미터예요. 성의 방어를 위해 성벽 주위를 두른 고랑인 해자까지 파 놓을 정도로 큰 성이죠. 너비는 43미터이며, 높이는 11미터로 국내 최대의 판축 토성*이에요. 이러한 규모의 성을 쌓기 위해서는 수십만 명의 사람들이 필요했을 거예요. 이렇게 많은 사람들을 모을 수 있는 힘을 가진 건 임금뿐이지요. 그래서 이곳을 백제의 유력한 수도로 추정하고 있어요. 풍납 토성은 백제 건국 초기부터 5세기 후반까지 계속되었던 것으로 추측하고 있어요.

뒤로는 한강을 등지고 평야에 위치하여 외적의 침입을 쉽게 살필 수 있는 풍납 토성은 왕성으로써 조금도 손색이 없어요. 하지만 지금은 사적으로 지정된 4킬로미터의 성곽 중에서도 2킬로미터밖에 남아 있지 않아요. 다른 나라는 외국에서도 문화유산을 사들이고, 몇 년 전의 물건도 문화유산으로 지정하는 반면에 우리나라는 문화유산 관리가 소홀하여 토성 발굴 이후 20년 넘게 논란이 끊이지 않아요.

🚇 지하철 타고 만나는 인물 이야기

온조왕 ?~28년

고구려를 세운 주몽에게는 온조라는 아들이 있었어요. 온조는 주몽의 뒤를 이어 왕위에 오를 것으로 생각하면서 고구려의 기초를 닦는 아버지를 열심히 도와주었어요. 하지만 주몽에게는 이미 부여에 두고 온 배다른 아들이 있었지요. 바로 유

---

* 판축 토성 자갈과 흙을 시루떡처럼 켜켜이 쌓아 만든 성

리였어요. 어느 날, 유리가 주몽의 아들임을 증명하는 반쪽 난 칼을 가지고 오자 왕위 계승권은 온조가 아닌 유리에게로 가게 되었어요. 이에 온조는 고구려를 떠나 새 나라를 만들기로 해요. 압록강을 타고 내려와 서해안을 따라 한강 남쪽에 정착했으니, 이곳이 바로 오늘날의 서울이에요.

큰 물이 흐르는 이곳에 새 나라를 세울 것이니라.

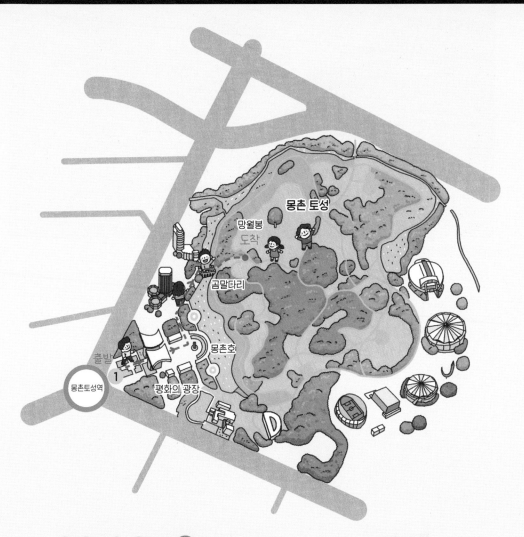

몽촌 토성

망월봉

도착

곰말다리

몽촌호

평화의 광장

출발

몽촌토성역

가 는 방 법 ─8─ 몽촌토성역

몽촌토성역 1번 출구에서 나와서 올림픽 공원 평화의 광장으로 들어가요. 오른편에 보이는 올림픽 공원 안내 센터 옆쪽에 샛길이 있어요. 샛길을 따라 걷다 보면 갈림길이 나와요. 오른쪽 갈림길로 직진하면 곰말다리가 보여요. 다리를 건너 위쪽 길로 쭉 올라가면 몽촌 토성이에요.

외적 방어를 위해 목책을 두른 몽촌 토성

풍납 토성에서 700미터가량 떨어져 있는 서울 몽촌 토성은 서울 송파구 방이동에 있는 백제 초기의 토성터예요. 사적으로 지정된 서울 몽촌 토성은 둘레 약 2.7킬로미터, 높이 6~7미터로 3세기 후반에 만들어졌을 것으로 추정되어요. 백제의 수도인 한성(풍납 토성)에서 근초고왕이 전성기를 맞으면서 많은 인구가 몰려왔어요. 이에 오늘날의 신도시처럼 새로운 도시가 필요했어요. 그래서 만들어진 것이 바로 몽촌 토성이에요.

이곳은 1983~1989년까지 여섯 차례 발굴 조사를 벌였어요. 몽촌 토성은 남한산에서 뻗어 내려온 낮은 구릉에 만들었어요. 가장 높은 봉우리인 망월봉의 높이는 44.8미터에 불과하지만, 정상에서 바라보면 사방이 탁 트여 적의 침입을 감시하기에 안성맞춤이었어요. 북쪽에서 내려올지도 모르는 고구려군으로부터 풍납 토성과 몽촌 토성을 방어하기가 제격이었죠.

몽촌 토성은 목책*과 해자로 되어 있는 토성이에요. 성벽 바깥쪽은 급경사로 만들고 성내천이 토성을 감싸며 흐르고 있어서 적의 접근을 막을 수 있어요. 오목한 곳은 흙을 채워 튼튼하게 만들었지요. 백제인들의 지혜를 엿볼 수 있어요. 비록 궁궐터는 발견되지 않았지만, 기와와 벼루와 같은 유물을 통해 관청, 사원 등 공공건물이 있었다는 것을 추측할 수 있었어요. 더구나 중국제 도자기가 발견되고 있는데 이는 당시로서는 최고의 사치품으로, 이곳에 지배 집단이 거주했을 것으로 추정되어요. 지금은 올림픽 공원이 만들어져 많은 사람들이 몽촌 토성을 가까이에서 만날 수가 있어요. 풍납 토성이 백제의 서울이라면 이곳은 아마도 서울을 방어하기 위한 외성으로써의 역할을 했을 거예요.

몽촌 토성의 '몽촌(夢村)'이라는 이름은 토성 안에 있던 마을 이름인 '곰말'에서 비롯되었어요. 풀이하면 꿈마을인데요, 몽촌은 삼국 간의 치열한 다툼 속에서 백제인들이 꿈꾼 전쟁 없는 세상과 풍요로움을 의미하는 건 아닐까요?

● 목책 말뚝 따위를 죽 잇따라 박아 만든 울타리

← 석촌동 고분군 →

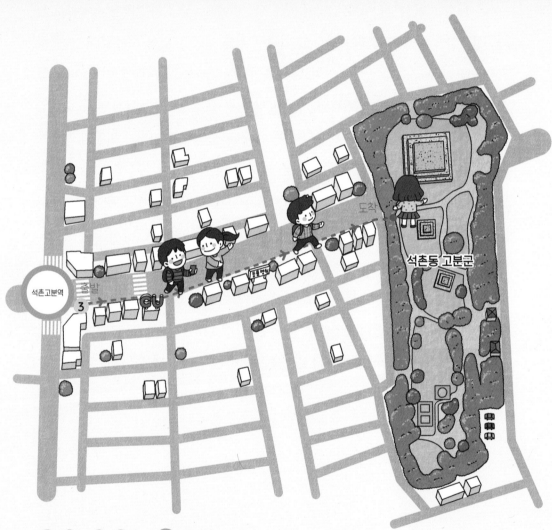

가 는 방 법 ─── 9 석촌고분역

석촌고분역 3번 출구에서 나와 8분 정도 직진하면 석촌동 고분군 입구가 나와요. 안으로 들어가면
앞에 고분군이 보여요.

　서울 송파구 석촌동 일대에는 돌무지무덤(적석총) 외 대형 돌무덤이 여러 기 분포해 있어요. 바로 백제 초기인 한성 도읍기에 만들어진 무덤군이에요. 1970년대에 발굴 조사를 시작해 백제 왕족 또는 귀족의 공동묘지로 추정되는 대형 돌무지무덤 7기, 널무덤과 독무덤 등 30여기 이상을 발견했어요. 고구려의 영향인 돌무지무덤이 백제 초기 지역에 있다는 것은 온조왕을 비롯한 건국 세력이 문화적으로 고구려와 밀접한 관계가 있다는 것을 보여 줘요.

　석촌고분역에서 10분 남짓 걸어가면 아파트 숲속에 위치한 고분군을 볼 수 있어요. 이곳은 1975년에 '서울 석촌동 고분군'으로 사적에 지정되었죠. 이 무덤의 주인공은 백제 왕족이나 귀족일 것이라고 추측하고 있어요. 8개의 무덤 중에서 1호분은 2개의 무덤이 연결된 쌍분이에요. 4호분은 천장이 둥근 모양을 하고 있으며, 바닥에는 물이 빠져나갈 수 있도록 홈까지 패 놓았어요. 백제인의 세심한 마음을 알 수 있죠. 이 중 가장 눈에 띄는 무덤은 석촌동에서 제일 규모가 큰 3호분이에요. 백제의 전성기를 이끈 근초고왕의 무덤으로 추측하고 있는 3호분은 복원 전 너비 50.8미터에 높이 4.5미터의 규모로, 사각형 모양의 기단이 올라갈수록 점점 좁아지는 형태의 3층으로 쌓인 돌무덤이에요. 이 기법은 고구려의 대형 돌무지무덤인 장군총과 비슷해요. 장군총과 더불어 한국의 피라미드라 할 수 있을 정도로 위엄 있어 보여요.

이곳은 백제 초기에 약 500년간 수도로써 위용을 자랑하였던 곳이에요. 백제에도 많은 관심을 가지면서 그들이 남긴 문화가 한국인에게 긍지를 심어 주었으면 좋겠어요.

🚇 지하철 타고 만나는 인물 이야기

근초고왕 ?~375

백제 제13대 왕으로 초고왕이라고도 해요. 영토를 넓히고, 중국 동진과 교류하면서 여러 선진 문물을 받아들여 문화와 제도를 정비했어요.

근초고왕은 왕위에 올라 고구려의 남하 정책을 경계하고 신라와는 우호 관계를 맺으며 힘의 균형을 맞췄어요. 고구려가 대방이 자신들의 영토라고 주장하자, 태자와 막고해를 보내 고구려 군사를 대동강에서 무찌르고 고국원왕을 전사시키기도 했어요. 남쪽으로는 마한을 정복했지요. 이로써 백제는 지금의 한강 유역과 황해도 지방, 그리고 충청도, 전라도 지방을 다스리는 전성기를 누렸어요. 또한 근초고왕은 한산으로 수도를 옮기고, 중국 동진의 앞선 문화를 수입하여 낙후된 문물 제도의 수준을 끌어 올리는 일에 힘썼어요. 그리고 일본에 아직기, 왕인을 파견해서 학문을 전파하는 등 외교적인 수완도 발휘했어요. 또 박사 고흥에게 백제의 국사인 《서기》를 쓰게 하여 국력을 과시하기도 했지요.

🔖 tip 백제인들은 곰발바닥을 먹었다? ▶

서울대 박물관에서 몽촌 토성의 미정리 유물 일부가 40년 만에 공개되었어요. 그 중에 사람들의 시선을 모은 것은 곰의 오른쪽 앞발이었어요. 사람의 손뼈로 착각할 정도로 흡사한 곰의 발바닥뼈였어요. 백제인들은 곰발바닥으로 요리라도 해 먹었던 걸까요? 중국의 8대 진미 중 하나가 곰발바닥 요리예요. 사서삼경의 하나인 《맹자》에서 맹자는 물고기 요리와 곰 발바닥 요리를 비교하며 '내가 좋아하는 물고기와 곰발바닥 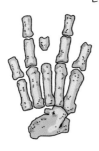 중 하나만 고르라면 곰발바닥을 택하겠다.'고 했을 정도예요. 몽촌 토성에서 곰발바닥 요리를 해서 먹을 정도라면 지위가 높은 사람들일 거예요. 서울의 외성에 사는 왕족 혹은 귀족들이 아니었을까요? 곰발바닥을 제사용으로 썼을 거라는 추측도 있어요. 풍납 토성과 몽촌 토성에서 말머리 뼈가 발견되는데, 이는 제사에 쓰였던 것이에요. 곰발바닥도 말머리처럼 제사용으로 사용했을 수도 있는 거죠.

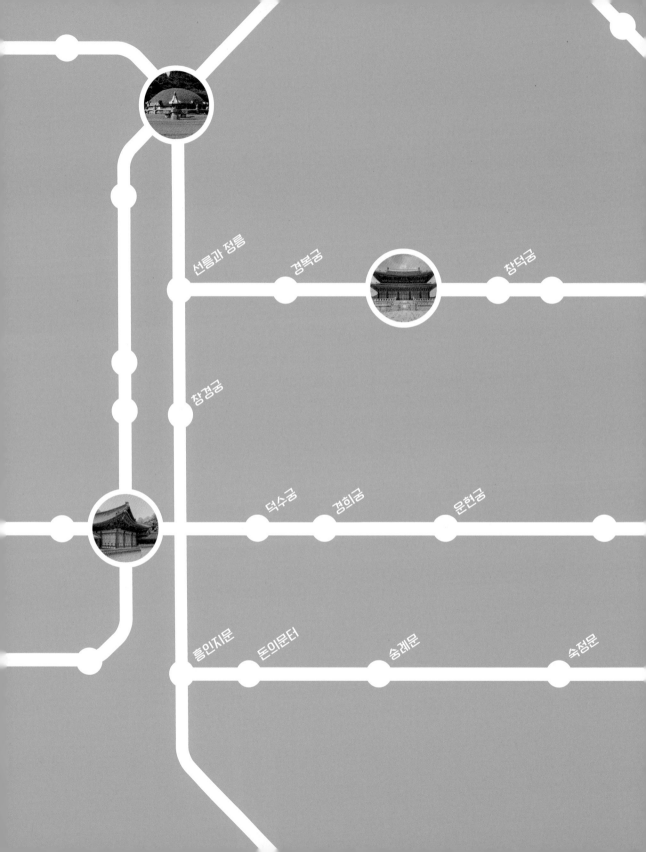

선릉과 정릉

경복궁

창덕궁

창경궁

덕수궁

경희궁

운현궁

흥인지문

돈의문터

숭례문

숙정문

5장

아름다운
고궁과 유적

선릉과 정릉

← →

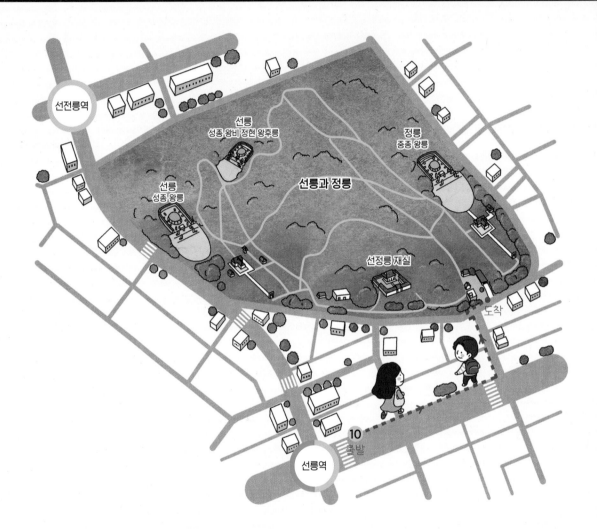

선릉
성종 왕비 정현 왕후릉

정릉
중종 왕릉

선릉과 정릉

선릉
성종 왕릉

선정릉 재실

도착

10
출발

선릉역

가·는·방·법 — 2 수인분당선 **선릉역**

선릉역 10번 출구로 나와 직진해요. 횡단보도를 한 차례 건넌 다음, 다음번 횡단보도가 나올 때까지 쭉 걸어가요. 횡단보도가 나오면 건너지 말고 왼쪽으로 꺾어요. 길을 따라 계속 걷다 보면 선릉과 정릉 입구가 보여요.

선릉

출처 [국립 문화유산 연구원], [국가유산포털(www.heritage.go.kr)]

선릉과 정릉은 세계 문화유산으로 지정된 곳이에요. 선릉은 조선 9대 왕인 성종과 왕비 정현 왕후 윤씨의 능이고 정릉은 성종의 아들이자 11대 왕인 중종의 능이지요.

선릉은 동원이강릉 형태로 되어 있어요. 풀어 이야기하자면, 서로 다른 언덕에 왕과 왕비의 능을 세우고 두 능이 만나는 지점에 하나의 정자각을 둔 왕릉 형식을 말해요. 선릉의 경우 정자각 앞에서 바라보았을 때 왼쪽에는 성종을, 오른쪽에는 정현 왕후를 모셔 두었지요.

정현 왕후릉

출처 [국립 문화유산 연구원], [국가유산포털(www.heritage.go.kr)]

반면 정릉은 중종 한 분만 모신 단릉 형태로 되어 있어요. 처음에는

정릉

출처 [국립 문화유산 연구원], [국가유산포털(www.heritage.go.kr)]

중종의 계비인 장경 왕후의 무덤인 희릉의 오른쪽 언덕에 중종의 능을 조성했어요. 중종의 또 다른 계비인 문정 왕후가 그곳이 풍수지리상 좋지 않다는 이유로 현재의 자리로 옮겼다고 해요.

선릉과 정릉은 동·서·북 삼면이 나지막한 기와 담장으로 둘러싸여 있어요. 성종과 중종의 봉분[●]에는 동물의 머리에 사람 모습을 한 십이지 신상을 조각한 병풍석[●]을 둘렀어요. 그리고 병풍석이 감싸는 봉분의 주위에 난간석을 세우고, 난간석 바깥쪽으로는 사악한 기운을 막고 명복을 비는 의미가 담긴 석물들을 놓아 봉분을 지키도록 만들었어요. 또한 봉분 바로 앞에는 영혼이 쉴 수 있도록 직사각형 모

● **봉분** 흙을 둥글게 쌓아 올려서 무덤을 만듦. 또는 그 무덤
● **병풍석** 능을 보호하기 위해 능 둘레에 병풍처럼 둘러 세운 돌

양의 돌 받침대인 혼유석을 두었어요. 혼유석의 다리에는 귀신의 얼굴 모양을 새긴 돌을 받쳐 놓아 나쁜 귀신을 막고자 했어요. 참고로 정현 왕후의 능침은 병풍석이 없는 것 외에 성종의 능침과 같은 형태로 되어 있어요.

선릉과 정릉은 임진왜란 중에 왜구가 능을 파헤쳐 훼손되기도 했고, 선릉의 경우에는 1625년 정자각의 화재와 이듬해 능침의 화재로 수난을 겪기도 했어요.

🚃 지하철 타고 만나는 인물 이야기

성종 1457~1494

조선 9대 왕인 성종은 예종이 갑자기 승하하자 13세에 왕으로 즉위했어요. 성종은 원래 왕위 계승과는 상관이 없던 인물이었어요. 왜냐하면 선왕인 예종에게는 제안 대군이라는 아들이 있었기 때문이에요. 만약 제안 대군이 왕위를 계승하지 못한다면 그다음 차례는 성종의 친형인 월산 대군이 되어야 했지요. 그러나 제안 대군은 왕위에 오르기에 너무 어리고, 월산 대군은 몸이 약하다는 이유로 성종의 장인인 한명회와 정희 왕후가 성종을 왕으로 추대한 거예요. 그렇게 13세에 임금이 된 성종은 성인이 되기 전까지 정희 왕후의 수렴청정*을 거쳤어요.

성인이 되어 직접 정치를 하게 된 성종은 여러 업적을 남겼어요. 먼저 세조 때부터 펴내기 시작한 《경국대전》을 완성했어요. 《경국대전》은 국가 통치 원칙부터 백성들의 일상생활에 이르기까지 모든 기본 규범을 종합적으로 담은 법전이에요. 법

● 수렴청정 나이 어린 왕이 즉위했을 때 일정 기간 동안 왕대비나 대왕대비가 이를 도와 정사를 돌보던 일

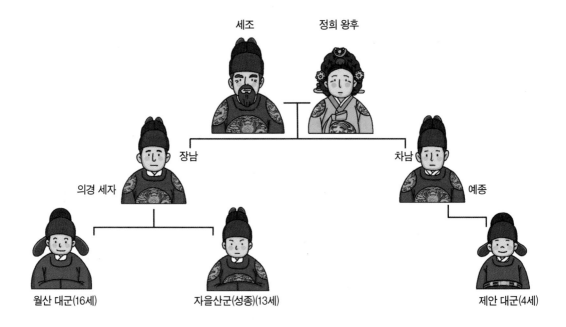

치주의를 내세워, 오로지 법에 따라 나라를 다스리게 했지요. 그리고 홍문관을 설치하여 세조 때 폐지되었던 경연을 부활시켜 신하들과 학문과 정책을 토론하며 유학을 발전시켰어요. 또한 그 당시 훈구파가 권력을 독점하고 있을 때 반대 세력인 사림들을 대거 등용함으로써 훈구파를 견제하고 권력의 균형을 이루었지요. 이외에도 국가가 직접 토지를 관리하는 관수 관급제를 실시하여 백성들이 부당하게 조세를 착취당하지 않도록 했답니다.

경복궁

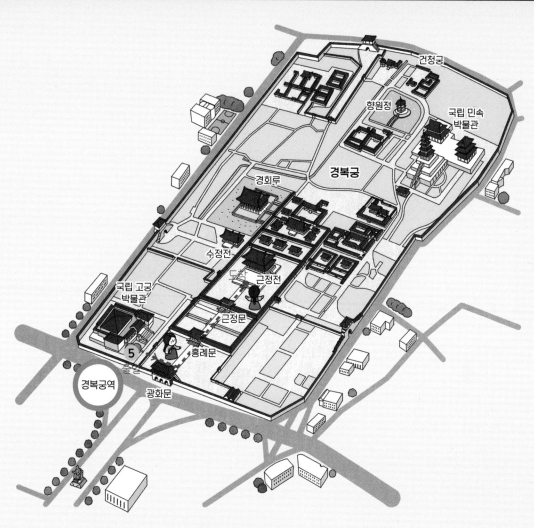

건청궁

향원정

국립 민속 박물관

경복궁

경회루

수정전

국립 고궁 박물관

근정전

근정문

5

홍례문

경복궁역

광화문

가 는 방 법 ──3 경복궁역

경복궁역 5번 출구로 나와서 앞쪽에 있는 문으로 들어가면 경복궁이 나와요.

광화문

출처 [국가유산청], [국가유산포털(www.heritage.go.kr)]

경복궁은 조선을 건국한 태조가 수도를 한양으로 옮긴 다음 1395년에 세운 정궁이에요. '경복궁'이라는 이름은 조선의 개국 공신이자 경복궁을 지을 때 총책임을 맡았던 정도전이 지었어요. '큰 복을 누리고 번영할 것'이라는 의미를 담고 있어요. 경복궁 외에도 '천하의 일은 부지런하면 잘 다스려진다.'라는 뜻을 가지고 있는 근정전을 비롯하여 사정전, 강녕전 등 경복궁 내 여러 건물의 이름도 정도전이 지었다고 알려져 있지요.

경복궁은 여러 차례 수난을 겪었어요. 임진왜란 때 불에 타 없어졌다가 흥선 대원군의 주도 아래 복원이 되었어요. 그러나 일제 강점기 때 일본에 의해 또다시 훼손이 되었고, 1990년부터 복원 사업이 시작되면서 지금의 모습을 갖추게 되었어요.

광화문은 조선의 정궁인 경복궁의 정문이기에 다른 궁궐의 정문과 다르게 궁궐의 궐문과 같은 격식으로 크고 화려하게 지었어요. 광화문은 3개의 홍예문*으로 이루어져 있는데, 중앙의 홍예문으로는 왕이, 좌우의 홍예문으로는 왕세자와 신하들이 출입했다고 해요.

광화문을 지나 안으로 들어오면 근정문과 함께 경복궁의 중심 건물이자 국보 근정전이 보여요. 근정전은 조선 전기의 여러 왕들의 즉위식이 열린 곳이에요. 신하들이 새해에 임금에게 인사를 드리거나 국가 의식을 거행하고 외국 사신을 맞이하기도 했지요.

근정전 뒤쪽으로는 왕이 머물렀던 강녕전, 왕비가 머물렀던 교태전, 연못 위에

경복궁 근정전

출처 [국가유산청], [국가유산포털(www.heritage.go.kr)]

● **홍예문** 문의 윗부분을 무지개 모양으로 둥글게 만든 문

아미산

세워 국가의 중요한 잔치나 외국 사신을 접대할 때 사용한 경회루, 교태전의 후원인 아미산과 침전* 영역이 있어요. 왕과 왕비는 주로 이곳에서 일상생활을 했어요. 일가친척을 불러 잔치를 베푼다거나 신하들을 은밀히 불러 중요한 정치적 일을 의논하기도 했죠. 아미산은 4단으로 된 계단식 화단이에요. 붉은 벽돌로 만들어진 육각형 모양의 굴뚝이 네 기가 있는데, 교태전의 구들과 연결되어 이 굴뚝으로 연기가 나왔다고 해요. 십장생, 사군자, 만자문* 등의 무늬를 조화롭게 배치한 아미산 굴뚝은 뛰어난 구조물로 평가받으면서 보물로 지정되었어요.

● 침전 임금이 잠자는 방이 있는 집
● 만자문 '卍' 자 모양으로 된 무늬. 불교에서 사용한다.

일제로부터 광화문을 지킨 일본인 ▶

민예 연구가이자 미술 평론가인 야나기 무네요시는 조선 도자기의 아름다움에 빠져 조선 도자기를 연구하고 알리는 데에 힘쓴 일본인이에요. 일제 강점기에 일본은 경복궁 안에 조선 총독부를 지었는데, 광화문이 조선 총독부를 가린다며 광화문을 철거하겠다고 발표했어요. 이에 야나기 무네요시는 광화문 철거에 반대하면서 '사라지려 하는 한 조선 건축을 위하여'라는 제목의 사설을 일본의 잡지 〈가이조〉에 실어 일본의 문화 파괴 행위를 맹비난했지요.

"광화문이여, 광화문이여, 너의 목숨이 이제 경각에 달려 있다. 네가 일찍이 이 세상에 있었다는 기억이 차가운 망각 속에 묻혀 버리려 하고 있다. 어쩌면 좋단 말이냐. 내 마음은 갈피를 못 잡고 있다. 무자비한 끌과 매정한 망치가 너의 몸을 조금씩 파괴하기 시작할 날이 이제는 멀지 않게 되었다. 그러므로 그들을 대신해서 너를 사랑하고 아끼는 자가 이 세상에 있다는 것을 생전의 너에게 알리고 싶은 것이다. 그래서 나는 이 말들을 적어서 공중 앞에 내보내는 것이다."

이 글로 광화문 철거 반대 여론이 형성되자 일본은 광화문을 철거하는 대신 건춘문 북쪽으로 옮겼다고 해요.

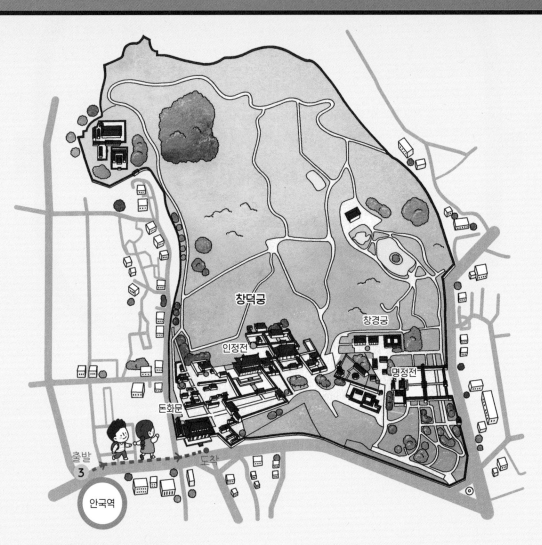

가 는 방 법 ──3 **안국역**

안국역 3번 출구로 나와요. 그 길을 따라 쭉 걷다 보면 왼편으로 창덕궁의 정문인 돈화문이 나와요.

창덕궁 돈화문   출처 [국가유산청], [국가유산포털(www.heritage.go.kr)]

　창덕궁은 태종이 지은 경복궁의 이궁*이에요. 임진왜란 때 경복궁과 함께 불에
타 광해군 때 다시 지었어요. 그 후로 경복궁이 재건되기 전까지 조선의 정궁으로
쓰였지요.

　창덕궁의 정문을 돈화문이라고 불러요. 처음에 돈화문은 2층 구조로 다른 궁궐
의 대문보다 높게 만들고 문 앞에 월대*를 두어 왕실의 위엄을 나타냈지요. 그러나
일제 강점기에 궁궐 안으로 자동차가 쉽게 들어올 수 있게 월대를 땅속에 묻어 버
렸어요. 그 후 1996년에 월대 복원 작업에 들어가 2020년에 본래의 월대를 복원하

● **이궁** '태자궁' 또는 '세자궁'을 달리 이르던 말, 임금이 나들이할 때에 머물던 별궁
● **월대** 궁궐의 정전, 묘단, 향교 등 주요 건물 앞에 설치하는 넓은 기단 형식의 대

창덕궁 인정문 출처 [국가유산청], [국가유산포털(www.heritage.go.kr)]

는 데 성공하였어요.

창덕궁의 중심이 되는 건물인 인정전으로 가기 위해서는 여러 문을 거쳐야 해요. 먼저 창덕궁의 정문인 돈화문을 통해 안으로 들어가면, 금천교라는 짧은 돌다리가 하나 나와요. 금천교는 백성과 임금의 공간을 구분해 주는 역할을 해요. 창덕궁의 금천교는 우리나라에 있는 궁궐 안 돌다리 가운데 가장 오래된 것이라고 알려져 있어요.

금천교를 건너면 바로 앞에 중문 진선문이 나와요. 진선문을 지나면 앞쪽으로는 또 다른 중문 숙장문이 있고, 왼편으로는 인정전의 정문인 인정문이 있어요. 인정문으로 들어가야만 드디어 인정전으로 갈 수가 있답니다.

'인자한 정치를 펼친다.'라는 뜻을 가진 인정전은 왕이 신하들의 인사를 받는 곳이자 왕의 즉위식이나 사신 접견 같은 국가의 중요한 의식을 치르던 곳이에요. 겉으로 보기에는 2층짜리 건물처럼 보이지만, 안으로 들어

창덕궁 인정전   출처 [국가유산청], [국가유산포털(www.heritage.go.kr)]

창덕궁 선정전 근경

가 보면 천장이 높은 건물임을 알 수 있어요. 인정전의 용마루에는 이화 무늬가 장식되어 있어요. 고종이 황제로 즉위하면서 대한 제국의 문장[●] 중 하나인 조선 왕조 이씨를 상징하는 이화 무늬를 새긴 것이지요.

　인정전 오른편 문으로 나가면 현재 창덕궁에 남아 있는 유일한 청기와집인 선정전이 나와요. 선정전은 임금이 신하와 나랏일을 의논하고 유교 경전과 역사를 공부한 공간이자 이웃 나라의 사신을 만나는 곳이기도 했어요. 원래 이름은 조계청이었는데, 세조가 '정치는 베풀어야 한다.'라는 뜻을 담은 선정전으로 이름을 바꾸었다고 전해져요.

● 문장 국가나 단체 또는 집안 따위를 나타내기 위하여 사용하는 상징적인 표지

선정전 동남쪽에는 낙선재가 있어요. 조선 24대 왕인 헌종이 후궁 경빈 김씨를 위해 마련한 공간이에요. 헌종의 사랑채이자 서재로 쓰인 낙선재 옆으로 후궁 경빈 김씨의 처소인 석복헌, 당시 대왕대비였던 순원 왕후가 거처했던 수강재가 있지요. 후궁을 위해 궁궐에 새로운 건물을 지은 건 매우 이례적인 일이라고 해요. 낙선재는 다른 궁궐 전각과 달리 단청•을 하지 않은 소박한 모습을 지녔어요. 낙선재와 석복헌 사이에 있는 담에는 거북의 등 무늬를 본뜬 육각형의 문양을 넣어 임금의 장수를 기원하였지요.

창덕궁 부용지　　　　　　　　　　　　　　출처 [국가유산청], [국가유산포털(www.heritage.go.kr)]

• 단청 목재 건축물에 여러 가지 색으로 무늬 등을 그려 아름답게 꾸미는 것

창덕궁은 앞서 살펴본 건물들 외에도 왕실 정원인 후원이 매우 유명해요. 비원, 북원, 금원이라고도 불리는 후원은 창덕궁과 같은 시기에 지어졌어요. 하지만 임진 왜란 때 대부분의 정자가 불타 버렸고, 16대 왕인 인조 때에 증축되어 현재와 같은 모습에 이르게 되었어요. 이곳은 자연스러운 아름다움이 돋보이는 것이 큰 특징이에요.

창덕궁 후원을 대표하는 부용지는 하늘은 둥글고 땅은 네모지다는 동양의 우주 관을 본떠 만들어졌다고 해요. 그래서 사각형의 연못은 땅을, 연못 가운데 둥근 섬은 하늘을 상징하지요. 부용지에는 연꽃이 활짝 핀 독특한 모양새의 부용정과 왕실 도서관이자 학문을 연구했던 규장각이 있는 주합루가 있어요.

창경궁

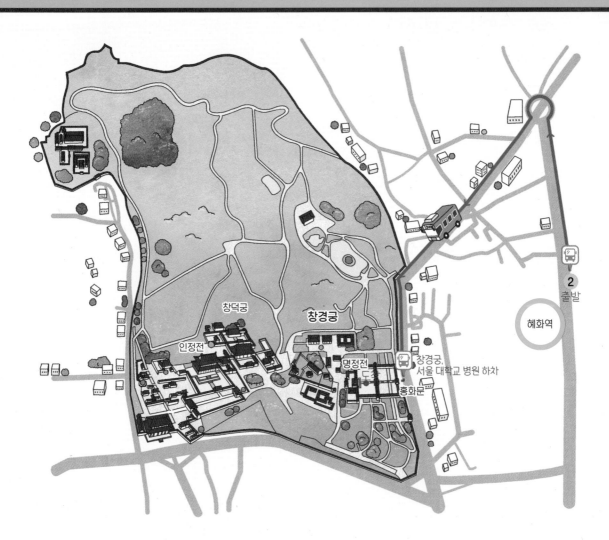

가는방법 — 4 혜화역

혜화역 2번 출구로 나오면 앞쪽에 버스 정류장이 있어요. 이곳에서 30번 버스를 타고 '창경궁, 서울 대학교 병원'에서 내려요. 버스가 가는 방향으로 조금만 걸으면 오른편으로 창경궁의 정문인 홍화문이 나와요.

창경궁 홍화문

창경궁은 정궁인 경복궁과 보조 궁궐인 창덕궁에 이어 세 번째로 지어졌어요. 창경궁터에는 원래 수강궁이 있었어요. 수강궁은 세종이 왕위에서 물러난 아버지 태종의 거처를 위해서 1418년에 마련한 궁이에요. 시간이 흐르면서 왕실 가족이 늘어나 창덕궁의 공간이 좁아지게 되자, 성종이 세조비 정희 왕후, 예종비 안순 왕후, 덕종비 소혜 왕후 세 분의 대비가 편하게 지낼 수 있도록 창덕궁과 담장 하나를 사이에 두고 궁궐을 지은 것이지요. 그래서 창경궁은 경복궁의 동쪽에 있다고 해서 창덕궁과 함께 동궐로도 불렸어요.

창경궁의 주요 시설들을 살펴볼까요? 보물 홍화문은 창경궁의 정문이에요. 창경궁과 같이 지어졌지만 임진왜란 때 불에 타 버려 광해군이 다시 지었지요.

현재는 홍화문의 아랫돌이 땅과 같은 높이에 있지만 원래는 장대석으로 쌓은 낮은 기단이 있었다고 해요.

홍화문을 통과해 안쪽으로 들어가면, 홍화문과 명정문을 잇는 옥천교가 보여요. 원형이 잘 보존되어 있어서 옥천교 역시 보물로 지정되어 있지요. 옥천교를 건너면 또 하나의 보물, 명정문이 나와요.

명정문을 지나면 창경궁의 정전인 명정전이 보여요. 명정전 역시 임진왜란 때 불탔다가 광해군 때 다시 지어졌지요. 국보인 명정전은 각 궁궐에 남아 있는 정전 가운데 가장 오래된 건물이에요. 창경궁은 왕실 가족의 생활 공간을 위해 지은 궁궐

창경궁 명정전   출처 [국가유산청], [국가유산포털(www.heritage.go.kr)]

이기 때문에 명정전 역시 다른 궁궐의 정전에 비하여 작은 편이었어요.

그래도 임금이 신하들의 보고를 받거나 국가적인 행사를 여는 등 정전의 역할은 충분히 했어요. 이곳에서 조선 12대 왕인 인종이 즉위했고 21대 왕인 영조가 정순왕후를 맞이하는 가례식을 치르기도 했어요.

명정전의 동쪽 방향에는 16대 왕인 인조가 병자호란 때 남한산성으로 파천*하였다가 궁으로 돌아오면서 머물렀던 양화당이라는 전각이 있어요. 양화당은 원래 대비의 침전으로 사용된 건물이에요. 내명부*의 어른들은 이곳에서 손님들을 접대하기도 했다고 알려져 있지요. 양화당 역시 화재를 겪었다가 순조 때 다시 지어져 지금의 모습에 이르게 되었답니다.

창경궁은 다른 궁궐들과 달리 창경궁만이 가진 특징들이 많아요. 우선 작고 소박한 전각들로 이루어져 있고 지형을 따라 전각을 지어 주변 환경과 조화롭게 어우러져요. 그리고 창경궁은 창덕궁의 모자란 주거 공간을 보충하기 위해 지어졌기 때문에 임금이 업무를 보던 외전보다는 일상생활 공간인 내전이 더 넓다고 해요.

● **파천** 임금이 도성을 떠나 다른 곳으로 피란하던 일
● **내명부** 조선 시대에 궁중에서 품계를 받은 여인을 통틀어 이르는 말

tip 놀이공원이 되어 버린 궁궐 ▶

　　일본은 1907년 고종이 헤이그에 특사를 보내어 을사늑약의 부당성을 알리려 했다는 이유로 황제에서 물러나게 하고 순종을 황제로 즉위시켰어요. 그리고 순종이 창덕궁으로 옮겨 가는 때에 맞추어 순종을 위로한다는 명목으로 창경궁의 많은 건물들을 허물고 동물원과 식물원을 만들었지요. 아예 궁궐의 이름도 창경원으로 바꾸어 왕실의 권위를 떨어뜨렸어요. 1970년대까지도 창경궁은 서울의 대표적인 '유원지'로 유명했답니다. 그러다 1984년 서울 대공원 동물원에 창경원의 동식물을 옮기고 궁궐 복원 작업을 하면서 창경궁이라는 이름을 되찾게 되었지요.

창경궁 식물원

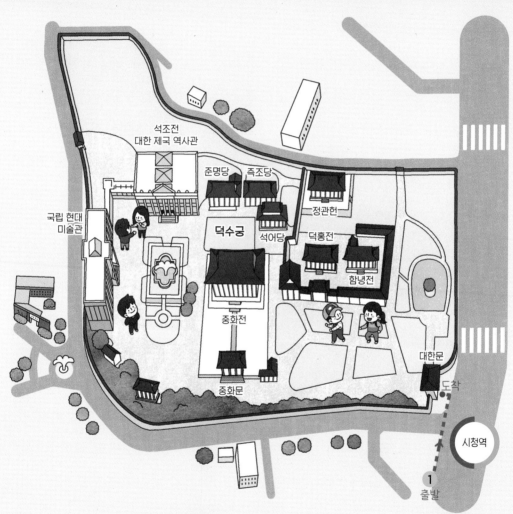

석조전
대한 제국 역사관

준명당 즉조당

국립 현대
미술관

정관헌

덕수궁

석어당 덕홍전

함녕전

중화전

중화문

대한문

도착

시청역

1
출발

가는 방법 ─ 1 2 시청역

시청역 1번 출구로 나와, 나온 방향과 반대 방향으로 조금만 걷다 보면 왼편으로 덕수궁의 정문인 대한문이 보여요.

덕수궁의 옛 이름은 경운궁이에요. 덕수궁 자리는 원래 세조의 큰손자인 월산 대군의 집이었어요. 임진왜란 때 경복궁을 비롯한 거의 모든 궁궐이 불타 버리자 의주로 피난을 갔다가 돌아온 선조가 머물 곳이 없어져서 월산 대군의 집과 그 주변 민가를 합하여 행궁*으로 사용했어요. 이후 선조를 이어 광해군이 즉위하면서 그곳에 '경운궁'이라는 이름을 내렸어요. 아관파천 이후 조선의 26대 왕인 고종은 조선을 대한 제국으로 선포하고 경운궁을 황궁으로 삼았어요. 고종이 헤이그 특사 사건으로 강제 퇴위당한 후 경운궁에 머무를 때 그의 아들 순종이 고종의 만수무

덕수궁 대한문
출처 [대한민국 역사 박물관], [근현대사 아카이브(archive.much.go.kr)]

강을 비는 뜻에서 '덕수 궁'으로 이름을 바꾸었다 고 전해져요.

덕수궁의 정문은 동쪽 을 향하고 있는 대한문이 에요. 원래 다른 궁궐들 과 마찬가지로 남쪽을 향 한 인화문을 정문으로 썼

는데 1902년에 궁궐을 크게 지으면서 동문인 대안문을 덕수궁의 정문으로 쓰기 시 작했어요. 그리고 1906년 수리를 하며 대한문으로 이름이 바뀌었어요. 대한문으로 들어가면 바로 금천교가 나오고, 이 다리를 건너면 중화전의 정문인 중화문이 나 와요. 중화문을 통과하면 덕수궁의 정전인 중화전에 도착하게 되지요.

* **행궁** 임금이 나들이 때에 임시로 머물던 별궁

덕수궁 중화전

출처 [국가유산청], [국가유산포털(www.heritage.go.kr)]

　고종은 러시아 공사관에서 덕수궁으로 돌아온 후 정전으로 사용하던 즉조당이 좁다는 이유로 새로운 정전인 중화전을 지었어요. 본래 2층으로 된 중층 건물이었지만, 1904년에 있었던 화재로 훼손되어 단층 건물로 다시 지었어요. 중화전을 오르면 월대에 있는 답도라고 부르는 사각형의 돌을 볼 수 있어요. 왕실의 번영과 왕에 대한 존경심을 담고 있지요. 덕수궁의 답도에는 두 마리의 용이 구름 속에서 여의주를 물고 있는 모습이 새겨져 있어요.

　덕수궁 안에는 정관헌과 석조전 등 독특한 건축물들이 있어요. 정관헌은 외국 사절을 맞아 연회를 열거나 고종이

덕수궁 중화전 답도

커피와 다과를 들며 휴식을 취했던 곳이에요. 동서양 건물 양식을 모두 갖춘 건물로 대한 제국을 상징하는 문양을 새긴 서양식 테라스에 한옥식 팔작지붕을 얹은 화려한 모습을 뽐내고 있어요.

석조전은 우리나라 최초의 서양식 석조 건물이자 조선 왕조의 마지막 궁궐 건물이에요. 석조전은 지하층, 1층, 2층까지 총 3개의 층으로 이루어져 있어요. 지하층은 거실, 1층은 황제의 접견실과 귀빈실 등 업무용 공간, 2층은 황제와 황후의 침실과 응접실로 사용되었어요.

해방 이후 이곳에서 한국의 임시 정부 수립을 지원할 목적으로 미소 공동 회담이 열리기도 했어요. 6·25 전쟁 이후에는 국립 중앙 박물관, 궁중 유물 전시관 등

정관헌

덕수궁 석조전

으로 쓰였어요.

　이렇게 여러 용도로 사용되면서 석조전은 본래의 모습이 많이 훼손되었어요. 그래서 대한 제국의 역사적 의미를 되찾고자 자료를 토대로 복원하여 2014년 대한 제국 역사관을 개관하였지요.

　대한 제국의 생활사와 근대의 정치, 외교, 의례, 황실사를 담은 전시 공간으로 활용되고 있는 석조전 대한 제국 역사관은 3개의 층으로 구성되어 있어요. 지하층에는 대한 제국의 근대 개혁과 신문물의 도입, 석조전 복원 기록을 담은 전시실이 있어요. 1층에는 대한 제국 황실의 공적인 업무를 보던 공간으로 접견실과 대식당 등이 재현되어 있어요. 대한 제국의 정치, 외교 의례 등에 관한 전시 또한 볼 수 있지요. 2층에는 대한 제국 황실의 개인적인 공간인 침실과 서재, 거실 등이 재현되어 있으며 대한 제국 황실에 대한 전시실 또한 마련되어 있답니다.

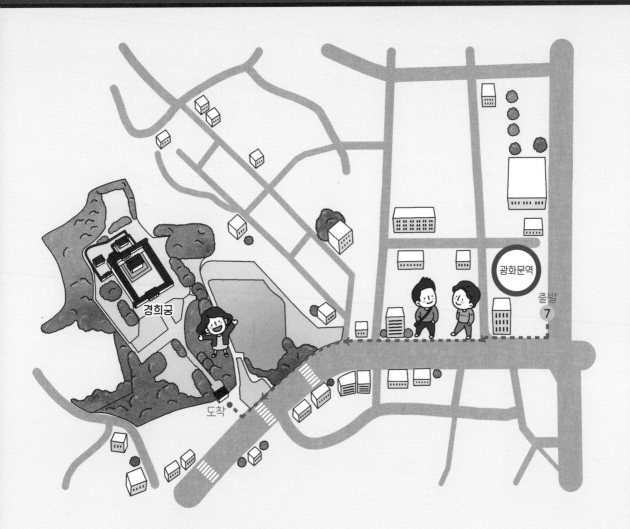

가 는 방 법 ─5 광화문역

광화문역 7번 출구로 나와, 뒤쪽을 바라본 다음 오른쪽으로 꺾어 큰길을 따라 쭉 직진해요. 10분 정도 걸으면 오른편으로 경희궁 공원으로 들어가는 입구를 찾을 수 있어요.

경희궁은 경복궁, 창덕궁, 창경궁, 덕수궁과 함께 조선 시대 5대 궁궐로 꼽히지만, 다른 궁궐들에 비해 사람들에게 덜 알려져 있어요. 다른 궁궐들과 달리 복원이 많이 이루어지지 않았기 때문일 거예요.

경희궁은 광해군 때의 이궁으로 원래 이름은 경덕궁이었어요. 임진왜란 때 모든 궁궐이 불타 버렸는데, 광해군은 그중 다시 지어진 창덕궁에는 머물기를 꺼려 했어요. 창덕궁에서 단종이 세조에 의해 폐왕이 되었고, 사화●가 일어나 많은 선비들이 죽었어요. 연산군이 중종반정으로 왕위에서 쫓겨나는 일도 있었죠. 그래서 광해군은 창덕궁 대신 조선 16대 왕인 인조의 아버지 정원군의 옛 집터에 경덕궁을 지었어요. 이곳에 왕의 기운이 서려 있다는 술사의 말을 듣고 그 자리에 경덕궁을 세운 거지요. 그러나 광해군은 인조반정으로 왕위에서 물러나면서 경덕궁에 머물지 못했지요.

인조를 비롯해 여러 왕들이 이곳에 머물렀는데, 그중 영조가 경덕궁을 많이 아꼈다고 전해져요. 경덕궁을 경희궁으로 바꾼 인물도 영조예요. 영조는 1760년 궁의 이름이 정원군의 시호(경덕)와 발음이 같다며, 이를 피하고자 궁의 이름을 경희궁으로 바꾸었지요.

경희궁은 이렇게 왕들의 거처로 쓰였지만, 일제 강점기에 경희궁이 있던 터에 학교와 각종 관사가 들어서면서 점점 궁궐의 모습을 잃어 갔지요. 시간이 흐른 뒤 1988년부터 복원 사업을 시작해 숭정전, 자정전, 숭정문 등 일부가 시민들에게 공개되었어요.

● 사화 조선 시대에 조정의 신하와 선비들이 정치적 반대파에게 몰려 참혹한 화를 입던 일

경희궁 흥화문

출처 [국가유산청], [국가유산포털(www.heritage.go.kr)]

    경희궁의 정문인 흥화문은 처음에 경희궁의 동쪽에 지어졌어요. 1932년에는 이토 히로부미를 위해 지은 절인 박문사의 정문으로 쓰였어요. 광복 후 박문사가 사라지고 그 자리에 신라 호텔이 들어서면서 신라 호텔의 정문으로 사용되기도 했어요.

    1988년 경희궁 복원 계획의 일환으로 흥화문을 경희궁터로 다시 옮겨 왔지만, 원래 흥화문이 있었던 자리에 구세군 빌딩이 세워져 있어서 지금의 위치에 자리 잡았지요.

    경희궁의 정전인 숭정전은 조선 20대 왕 경종, 22대 왕 정조, 24대 왕 헌종의 즉위식이 열렸던 곳이에요. 숭정전도 1926년에 일본인 사찰인 조계사에 팔려 옮겨졌어요. 현재는 동국 대학교의 법당인 정각원으로 쓰이고 있지요. 숭정전을 원래 있

경희궁 숭정전

던 자리로 옮기려고 했지만, 건물이 너무 오래되어 이전할 수가 없었다고 해요. 그래서 숭정전의 모양을 본떠 경희궁터에 새로 지었지요.

tip 밤에도 빛났던 흥화문의 현판 글씨

광화문역에서 경희궁 쪽으로 가다 보면 '야주개'라고 적힌 표석이 있어요. 야주개는 신문로와 당주동 사이에 있던 고개의 이름을 말해요. 흥화문의 현판 글씨가 얼마나 눈부시던지 캄캄한 밤에도 이 고개까지 빛이 비쳤다고 전해져요. 그래서 '밤에도 빛나는 고개'라는 뜻인 야주개라는 이름을 붙였다고 해요.

🚇 지하철 타고 만나는 인물 이야기

영조 1694~1776

영조는 조선의 21대 임금으로, 아들 사도 세자를 뒤주에 가두어 죽이는 안타까운 일을 저지르긴 했지만 조선의 임금들 가운데 가장 오래 왕위에 머무르며 많은 업적을 남긴 인물이에요.

우선, 여러 당파에서 능력 있는 인물들을 고루 등용하는 탕평책을 펼쳤어요. 조선 시대에는 정치적으로 뜻이 맞는 사람들끼리 모여 정치를 이끌어 갔어요. 이것을 '붕당 정치'라고 해요. 초기에는 자유롭게 의견을 나누면서 나라의 일을 다스렸다고 해요. 하지만 시간이 흐를수록 세력을 차지하기 위한 싸움만 치열해졌지요. 이에 영조는 탕평책을 실시하여 당파 싸움을 없애고 왕권을 강화하는 개혁 정치를 펼쳤어요.

또, 여러 가지 사회 제도를 바로잡아 백성들의 생활을 안정시켰어요. 조선 시대에는 천인을 제외한 16세 이상의 양인 남자들은 군사 훈련을 받아야 했어요. 전쟁이 일어나면 군인이 되어 전쟁터에 나가야 했기 때문이지요. 이를 군역이라고 해요. 그러다가 매년 베(옷감) 두 필을 내면 군역을 면제해 주는 제도가 생겼어요. 나라에 바치던 이 베를 '군포'라고 불러요. 그러나 농사일로 바쁜 백성들에게는 베를 두 필씩 내는 게 쉬운 일이 아니었어요. 더구나 관리들이 군역의 대상자가 아닌 어린아이나 노인들에게도 군포를 걷어 가자 백성들은 더 힘들어졌어요. 이에 영조는 두 필씩 내던 군포를 한 필로 줄여 백성들의 부담을 줄여 주고자 했지요.

또한 연산군 때 폐지된 신문고를 다시 설치하여 백성들이 억울한 일을 당하면 왕에게 직접 알릴 수 있도록 했어요.

그 밖에도 가혹한 형벌을 폐지하여 인권을 존중하였으며, 학문을 즐겨 스스로 책을 쓰기도 했어요. 실학과 같은 새로운 학문을 적극적으로 지원하여 학문 분위기를 북돋고, 인쇄술을 보완하여 각종 제도의 연혁과 내용을 정리한 《동국문헌비고》를 비롯하여 《속대전》, 《어제자성편》, 《어제경세문답》 등 많은 서적을 펴내 학문과 문화를 크게 부흥시켰어요.

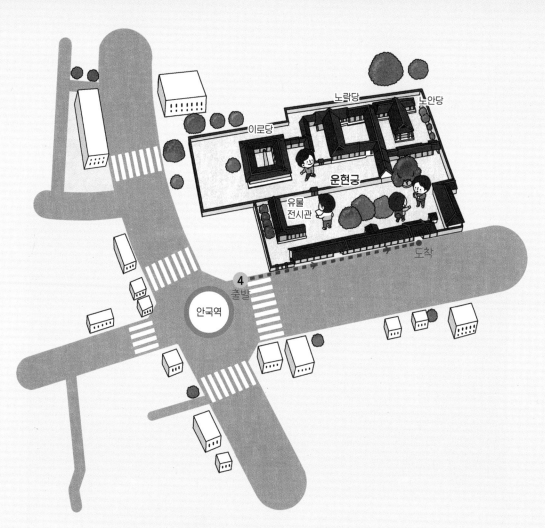

노락당
노안당
이로당
운현궁
유물
전시관
도착
4
출발
안국역

가 는 방 법 ─ 3 **안국역**

안국역 4번 출구로 나와 길을 따라 조금만 걷다 보면 왼편으로 운현궁 입구가 나와요.

운현궁은 흥선 대원군이 살던 집이에요. 흥선 대원군의 집이 운현궁으로 불리게 된 것은 고종이 왕이 된 후부터예요. 왕이 즉위하기 전에 살았던 집을 본궁이라고 하는데, 본궁 앞의 고개 이름인 '운현'을 따 운현궁이라 지었다고 해요.

운현궁은 고종이 즉위하고 한 달쯤 지나 궁중의 최고 어른이었던 신정 왕후의 명을 받아 새로 건물을 지었어요. 당시 왕의 궁궐에 비길 정도로 어마어마한 규모를 자랑했다고 해요.

운현궁 안으로 들어가면 정면에 사랑채로 쓰였던 노안당이 보여요. 유교 경전인

노안당

《논어》 가운데 '노인을 편안하게 하다.'라는 뜻을 가진 '노자를 안지하며'라는 구절에서 따와 이름을 지었지요. 노안당은 고종이 즉위하고 1년 뒤 지어졌어요. 전형적인 기와집으로, 추녀 끝이 날렵하게 올라간 것이 특징이에요. 흥선 대원군은 임오군란 때 청나라에 납치되었다가 돌아와 이곳에서 머물렀다고 해요.

노안당의 왼편에 있는 중문으로 들어가면, 안채이자 고종과 명성 황후의 혼인이 이루어진 곳으로 알려진 노락당이 나와요. 노락당은 운현궁에서 가장 중심이 되는 건물이에

노락당

요. 이곳에서 가족들의 회갑이나 잔치 같은 큰 행사를 열었다고 해요.

이로당

별당인 이로당은 흥선 대원군의 아내이자 고종의 어머니인 부대부인 민씨가 생활한 안채예요. 노안당과 노락당과 달리 1869년에 지어졌어요. 여자들만의 공간으로서 바깥에서 접근하기 어려운 'ㅁ' 자형의 폐쇄적인 구조로 되어 있지요.

이로당 뒤에는 운현궁의 역사와 한국 근대사의 흐름을 되돌아볼 수 있는 유물전시관이 있어요. 서울특별시가 운현궁을 매입하여 1996년까지 보수·복원 공사를

할 때 새로 지었다고 해요. 유물 전시관에는 척화비, 당백전 등 대원군의 행적을 알 수 있는 다양한 유물이 전시되어 있어요. 고종과 명성 황후가 가례를 올릴 때 입었던 궁중 의상 등이 전시되어 있어 당시의 시대상을 엿볼 수 있어요. 유물 전시관 앞마당에는 다양한 행사와 공연을 열 수 있는 야외 무대가 마련되어 있지요.

관람객들을 위한 풍성한 프로그램도 진행된다고 해요. 이로당에서는 전통 예절 교육이 열리고 있어요. 옛날 군복이나 궁에서 입던 당의를 입어 보고 운현궁을 배경으로 사진을 찍어 볼 수도 있지요. 또한 닥종이 인형 교실, 한글과 한문 서예 교실, 보자기 만들기 교실, 자수 교실 등 전통문화를 체험하고 직접 만들어 보는 강좌가 열린다고 해요.

🚆 지하철 타고 만나는 인물 이야기

흥선 대원군 1820~1898

흥선 대원군은 조선의 26대 왕이자 대한 제국의 1대 황제인 고종의 아버지예요. 고종은 철종에 이어 왕위에 올랐는데, 그때 그의 나이는 열두 살이었어요. 직접 정치를 하기에는 너무 어린 나이였기에 처음에는 신정 왕후의 수렴청정을 받았어요. 이후 정책 결정권을 흥선 대원군에게 넘겨주면서 10년간 흥선 대원군이 권력을 잡게 되었지요.

이 기간에 흥선 대원군은 과감한 개혁 정치를 펼쳤어요. 우선 조선 23대 왕 순조 이래로 절대 권력을 휘두르며 나라를 어지럽히던 안동 김씨 세력을 몰아냈어요. 당파에 관계없이 인재를 고루 등용하고 부패한 관리들을 내쫓았어요. 또한 학자들이 제사를 지내거나 공부를 하던 서원이 붕당 간 갈등의 원인이라고 판단하여 전국에 있는 서원 중 47개만을 남기고 모두 없애 버렸지요.

홍선 대원군은 민생을 안정시키기 위한 정책도 실시했어요. 사창제가 그중 하나이지요. 조선 시대 때는 환곡이라는 제도가 있었어요. 식량이 부족했던 봄철에 백성들에게 곡식을 빌려주고 추수기에 이자를 붙여 곡식을 받았지요. 그런데 관리들이 환곡을 악용하여 백성들의 등골을 빼먹는 제도로 변질되었지요. 그래서 홍선 대원군은 관에서 운영했던 환곡을 폐지하고 고을에서 자치적으로 운영하는 사창제를 실시하여 관리들의 부정을 막고자 했어요. 또 호포제를 실시하여 농민에게만 거두었던 세금을 양반에게도 거둬 농민의 부담을 줄였지요.

더불어 왕권을 강화하고자 여러 노력도 기울였어요. 군사와 관련된 일을 의논했던 회의 기구인 비변사의 권력이 막강해지자 비변사를 폐지했어요.

홍선 대원군은 왕실의 위엄을 세우기 위해 임진왜란 때 불타 버린 경복궁을 다시 지으려고 했어요. 이때 백성들을 강제로 모아 일꾼으로 부리고 건물을 짓는 데 필요한 경비를 해결하려고 원납전이라는 기부금을 강제로 걷었어요. 또 당백

홍선 대원군 초상

서양 오랑캐의 침범을 막아야 한다.

척화비

전이라는 화폐를 발행해 물가가 폭등하여 결국 민심을 잃었지요.

대외적으로는 다른 나라와 교류를 막는 쇄국 정책을 실시했어요. 쇄국 정책을 알리는 척화비를 전국의 중요한 지점에 세우고 나라의 질서를 어지럽힌다 하여 천주교인을 무자비하게 학살했어요. 흥선 대원군의 이러한 쇄국 정책은 새로운 문물을 받아들이는 데에 걸림돌이 되었다고 평가되고 있어요.

이후 고종이 직접 나라를 다스리게 되면서 흥선 대원군은 정치에서 물러나게 되어요. 그러다 임오군란을 수습하기 위해 잠시 권력을 잡지만, 고종의 아내이자 흥선 대원군의 며느리인 명성 황후가 청나라를 불러들여서 3년간 톈진에 강제로 머무르게 되어요. 이후 조선으로 돌아와 운현궁에 갇혀 지냈지요.

tip 왕의 아버지, 대원군 ▶

왕위 계승은 보통 부자간에 이루어지는 게 일반적이에요. 그렇기 때문에 대개 왕의 아버지가 선왕이 되지요. 그런데 고종의 아버지인 흥선 대원군은 왕이 아니었어요. 그래서 '왕'이 아닌 임금의 친아버지에게 주어지는 벼슬인 대원군을 받은 것이지요.

고종은 아버지가 왕이 아닌데 어떻게 왕의 자리에 오를 수 있었던 걸까요? 고종의 선왕인 철종은 대를 이을 자식이 없는 상태에서 세상을 떠났어요. 그러다 보니, 철종 이후 왕위를 계승할 마땅한 사람이 없었어요.

순조 때 흥선 대원군의 아버지인 남연군이 정조의 이복형제인 은신군의 양자로 들어가면서 흥선 대원군은 영조에서 이어지는 왕가의 가계에 편입되어요. 흥선 대원군은 안동 김씨의 견제를 피하기 위해 망나니처럼 행동하며 야망을 숨기고 있다가, 신정 왕후에게 접근하여 자신의 둘째 아들 이명복이 왕위 계승자가 될 수 있도록 설득하였지요. 신정 왕후가 흥선 대원군의 제안을 받아들이면서 고종이 왕위를 잇게 되었어요.

흥인지문

← →

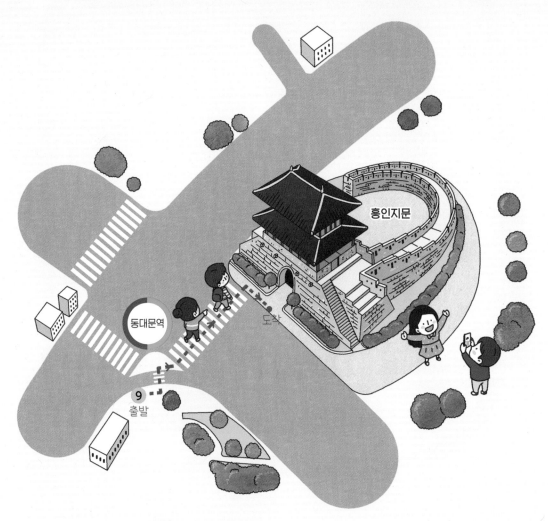

흥인지문

동대문역

도착

9
출발

가·는·방·법 ─ ❶ ❹ 동대문역

동대문역 9번 출구로 나와 오른편에 있는 횡단보도를 건너요. 보행섬에서 보았을 때 오른편으로 흥인지문이 보일 거예요. 흥인지문 쪽으로 한 번 더 횡단보도를 건너요.

흥인지문

출처 [국가유산청], [국가유산포털(www.heritage.go.kr)]

　태조 이성계와 정도전은 한양 도성을 건설하면서 동서남북에 4개의 대문, 사대문을 만들었어요. 그리고 유교의 중심이 되는 네 가지 덕목인 '인의예지'에서 한 글자씩 따와 사대문의 이름을 지었지요.

　동쪽에 있는 대문은 '인' 자를 넣어 '어진 마음이 일어난다.'는 뜻으로 흥인지문이라고 지었어요. 흥인지문은 다른 대문들과 다른 특징이 있어요. 우선 흥인지문만 네 글자로 되어 있어요. 풍수지리적 관점에서 한양의 동쪽 기운이 약하다고 해요. 그래서 이를 보완하고자 '갈 지(之)' 자를 넣어 기운을 강하게 한 거지요. 흥인지문에만 성문을 둘러싼 옹성이 있는 것도 같은 이유예요. 기운이 약한 동쪽으로 외적들이 침입하기 쉽다고 판단하여 이를 막기 위해 옹성을 쌓은 것이지요.

홍인지문은 한양 도성이 건설될 때 지어졌어요. 단종과 고종 때 고쳐 지어 오늘날의 모습을 갖추었어요. 사대문 중 유일하게 조선 시대에 지어진 원래 모습을 간직하고 있는 건축물이지만 하마터면 역사 속으로 사라질 뻔했어요.

일제 강점기에 일본이 한양을 개발하면서 허물려고 했다가 임진왜란 때 고니시 유키나가가 이끈 왜군이 홍인지문을 통과하여 한양을 공격한 사건을 기념하기 위해 그대로 둔 거라고 해요.

홍인지문은 일제 강점기 때 속칭이었던 '동대문'이란 이름의 문화유산으로 지정되었어요. 본래의 이름 대신 동대문으로 불리기도 했어요. 1996년에 역사 바로 세우기 사업을 시작하면서 홍인지문이라는 이름을 되찾게 되었지요.

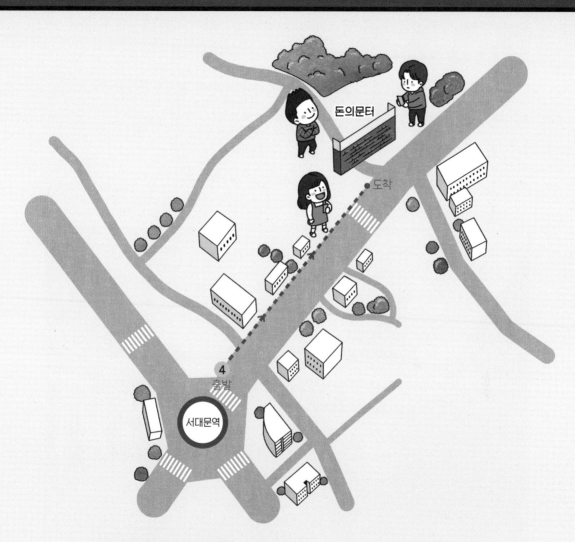

돈의문터

도착

4
출발

서대문역

가 는 방 법 ─ 5 **서대문역**

서대문역 4번 출구로 나와 길을 따라 5분 정도 직진하면 정동 사거리가 나와요. 이곳이 옛날에
돈의문이 있었을 거라 추정되는 곳이에요.

돈의문은 한양 도성의 서쪽에 있던 대문이에요. 유교의 네 가지 덕목 중 '의' 자를 따와 '의로움을 돈독히 하라.'라는 뜻으로 이름이 지어졌어요. 다른 사대문과 같은 시기에 세워졌지만 태종 때 폐쇄하고 서전문을 새로 지었어요. 그 후 세종 때 다시 서전문을 헐고 새롭게 돈의문을 세웠어요.

그러나 1915년, 일제 강점기에 일본이 도로를 넓히면서 돈의문은 완전히 철거되어 버렸어요.

비록 사대문 중 유일하게 현재 모습이 남아 있지 않고 터만 있지만 돈의문 안쪽 일대 마을을 '돈의문 박물관 마을'로 조성하면서 돈의문의 역사를 알리고 있지요.

일제 강점기의 돈의문

출처 [국립 중앙 박물관], [e뮤지엄(www.emuseum.go.kr)]

돈의문 박물관 마을에 가면 과거 서울의 생활사를 알 수 있는 다양한 전시를 관람할 수 있고 우리나라의 전통문화도 체험할 수 있어요. 돈의문 박물관 마을에 마련된 체험관에서 가상 현실(VR) 기계를 통해 돈의문이 있는 조선 시대 풍경을 생생하게 볼 수도 있답니다.

돈의문 전시관

tip **돈의문을 대신해 지어진 서전문** ▶

《조선왕조실록》에 따르면 풍수학자 최양선이 창의문과 숙정문 일대는 경복궁의 양팔에 해당하기 때문에 사람들의 통행을 막아야 땅의 기가 손상되지 않는다고 상소를 올렸대요. 돈의문도 같은 이유로 폐쇄하기를 추천했어요. 그래서 태종은 돈의문과 숙정문을 막고 새로 서문을 세울 만한 곳을 찾아보게 했어요. 태종의 측근인 이숙번의 집 앞에 짓는 게 좋겠다는 의견이 많았지요. 그런데 이숙번은 이에 싫은 내색을 표했어요. 이숙번은 태종이 임금이 되는 데에 큰 공을 세워 엄청난 권력을 가지고 있었어요. 성문 근처에는 많은 사람들이 오가기 때문에 시끄러워질 것을 꺼렸던 것이지요. 결국 태종은 이숙번의 뜻을 받아들여 자신의 형인 정종의 집 앞에 서전문을 세웠다고 해요.

← 숭례문 →

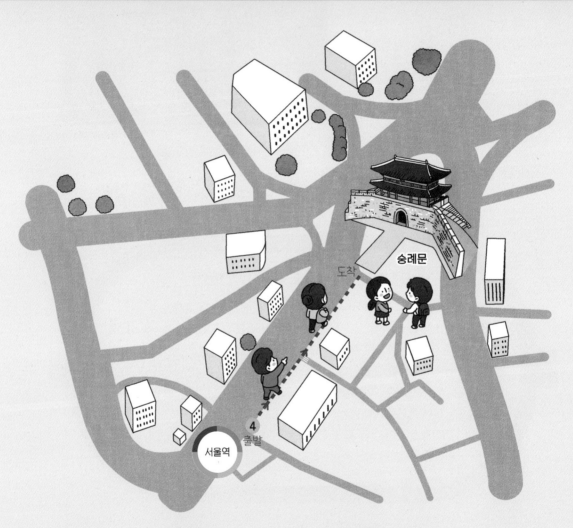

가 는 방 법 ━ ① ④ 경의중앙선 공항철도 **서울역**

서울역 4번 출구로 나와 길을 따라 걸어요. 앞으로 계속해서 걷다 보면 숭례문이 보여요.

숭례문

　한양 도성의 정문이자 남쪽에 있는 대문인 숭례문에는 유교의 네 가지 덕목 중 '예' 자를 따와 '예를 숭상하자.'라는 의미를 담았어요. 동양에서는 공자 이래로 '예'가 정치의 기본이었어요. 나라와 가정에서도 예를 중요하게 생각했어요. 그렇기에 숭례문은 사람이 오고 가는 문으로서의 기능뿐만 아니라 조선을 상징하는 역할도 했다고 볼 수 있지요.

　숭례문에서는 장마나 가뭄이 심할 때 기청제와 기우제를 지내는 등 국가적으로 중요한 행사가 열렸어요. 문루에 종을 달아 문이 닫히고 열리는 시간을 알려 주기도 했어요.

숭례문 소실

숭례문은 태조 때 완공되었는데 세종, 성종 때 큰 수리를 했다고 해요.

대한 제국 말에 숭례문 양 끝으로 이어져 있던 성곽들을 허물고 그 옆으로 도로를 냈지요. 그렇게 차들에 둘러싸인 섬처럼 고립되어 있다가 2005년에 숭례문 주변을 광장으로 만들면서 국민들이 숭례문에 가까이 다가갈 수 있게 되었어요.

숭례문은 임진왜란과 병자호란 등 외적의 큰 침입부터 현대에 와서는 6·25 전쟁을 비롯하여 4·19 혁명 등 대한민국의 역사를 함께한 국보예요. 그런데 2008년 2월, 한 사람의 방화로 불과 몇 시간 만에 누각 전체가 불타 사라져 버렸죠.

국가유산청은 사고를 수습하고 고증 작업을 거쳐 숭례문의 복구공사를 진행했어요. 일본에 의해 훼손되기 전의 모습으로 복구하는 데에 주력했고, 2013년 5월 복구 기념식을 열면서 새로 복원된 숭례문을 시민들에게 공개했답니다.

tip 숭례문 현판의 비밀 ▶

흥인지문과 숙정문의 현판을 보면 가로쓰기로 되어 있는
걸 볼 수 있어요. 그러나 숭례문은 다른 사대문과 달리 세로로
쓰여 있지요. 왜 그런 걸까요? 이 이유에 대해 여러 설이 있지
만, 가장 유력한 것은 관악산의 불기운을 막기 위해서라고 해요.

풍수학적으로 봤을 때 경복궁 남쪽에 있는 관악산은 불의 기운
이 충만한 산이라고 해요. 관악산의 불기운이 자칫 임금이 있는
궁을 해칠까 우려해 현판을 세로로 달아서 화기를 막으려 했다고
전해져요.

숭례문 현판

이 현판을 누가 썼느냐에 대해서도 말이 많아요. 먼저, 태종의
장남이자 세종의 맏형인 양녕 대군이 썼다는 기록이 인문 지리서인 《동국여지비고》와 조선
의 백과사전인 《지봉유설》에 남아 있어요. 추사 김정희가 쓴 《완당전집》에는 숭례문 현판
에 쓰인 글씨가 조선 초기 문신인 신숙주의 아버지 신장의 것이라고 적혀 있지요. 이 외
에도 현판 글씨의 주인으로 여러 명이 거론되고 있어, 누가 진짜 숭례문의 현판을
썼는지는 알 수 없답니다.

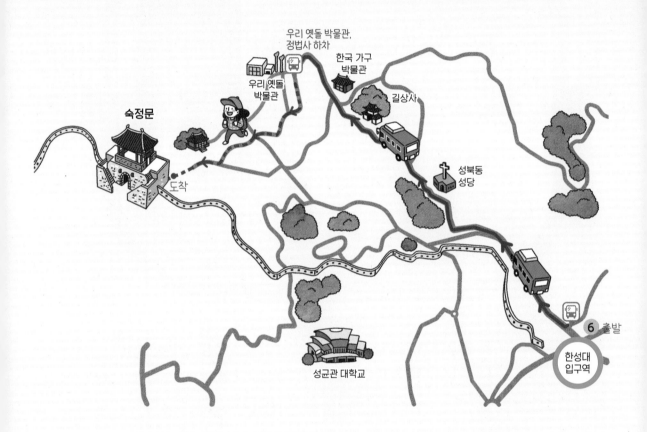

가는 방법 ──❹ 한성대입구역

한성대입구역 6번 출구로 나와 길을 따라 걷다 보면 버스 정류장이 나와요. 이곳에서 성북 02번 버스를 타고 '우리 옛돌 박물관, 정법사'에서 내려요. 앞쪽으로 두 갈래 길이 나오는데 왼쪽 길을 따라 20분 정도 걸으면 숙정문 앞에 도착해요. 성북 03번 버스를 탈 경우 '쌍다리'에서 내려서 15~20분 정도 걸으면 숙정문이 나와요.

한양 도성의 북쪽 대문에 해당하는 숙정문의 원래 이름은 숙청문이었어요. 언제부터 숙정문으로 이름이 바뀌게 되었는지는 알 수 없지만 《중종실록》에는 '숙정문'으로 기록되어 있었다고 해요.

숙정문은 태조 때 세워졌지만, 풍수학자 최양선이 백악산(현재 북악산)의 동쪽과 서쪽은 경복궁의 양팔에 해당하므로 백악산 동쪽에 있는 숙정문을 닫아야 한다고 이야기하면서 태종 때 문을 폐쇄하고 사람들의 통행을 금지했다고 해요. 다행인 건지 숙정문은 높은 산 중턱에 위치해 있어서 다른 사대문들과는 달리 사람들의 출입이 거의 없었다고 해요. 그래서 이 문을 폐쇄하더라도 큰 지장은 없었지요.

숙정문

그러나 가뭄이 심할 때는 열었다 닫기도 했어요. 숙정문은 도성의 북쪽에 있었는데, 풍수학에서 북쪽은 음(陰)의 기운을 가지고 있어요. 양(陽)의 기운이 강해 가뭄이 오면, 반대되는 음을 들여 양을 누르고자 했지요.

숙정문 일대는 1968년 북한의 특수 부대가 청와대를 기습하려고 했던 1·21 사태 이후 군사 시설 보호 구역으로 지정되어 일반인의 접근을 금지하다가 2006년 4월부터 다시 개방했어요.